Jörg Talanow

Kiel – so wie es war 3

Jörg Talanow

KIEL

so wie es war 3

Droste Verlag Düsseldorf

Literaturnachweis:

Albrecht, Uwe: Einstige Musterarchitektur heute frei zum Abbruch? in: Nordelbingen Bd. 44, S. 44 ff.; ders.: Ausgrabung, Rekonstruktion und Geschichte der spätmittelalterlichen Kapelle »Unserer lieben Frauen«, in: Jahresbericht 1974/75 der Arbeitsgemeinschaft für Vor- und Frühgeschichte in der Gesellschaft für Kieler Stadtgeschichte, Kiel, 1976, S. 8 ff.; Bock, Bruno: Grüne, blaue, schwarze, weiße Dampfer, Herford 1978; Boehm, Herbert: Kiels innere Neugestaltung, in: Die Neue Stadt, Juli 48, S. 287 ff.; Bühnen der Landeshauptstadt Kiel: Theater in Kiel 1963–1973, Kiel 1973; Detlefsen, Nicolaus: Die Kieler Stadtteile nördlich des Kanals, Kiel 1974; Dorow, Erwin: Der Kieler Seefischmarkt in: Schiff und Hafen, Juni 50, S. 150 ff.; Jensen, Herbert: Ein Musterbeispiel modernen Städtebaus, in: Kiel im Wiederaufbau S. 13; Jensen, Jürgen: Seestadt Kiel, Kiel 1975; Kieler Nachrichten: Jahrgänge 1949–1973; Killisch, Winfried: Stadtsanierung Kiel-Gaarden, Schriften des Geographischen Instituts der Universität Kiel, Bd. 43, Kiel 1975; Konwiarz, Hans: Mettenhof, in: Neue Heimat, Juni 62, S. 20 ff.; Landesamt für Denkmalpflege: Baudenkmale in Gefahr – Das Kanalpackhaus von Holtenau, Kiel 1978; Leuteritz, Albrecht: Die neue Platzlandschaft des Alten Marktes in Kiel, in: Garten und Landschaft, Mai 74, S. 268; Reichow, Hans Bernhard: Organischer Aufbau der Stadt Kiel, in: Die Neue Stadt, 8–9. 1948, S. 329; Schroeder, Rudolf: Neuer Schulbau in Kiel, in: Der Städtetag, Jan. 1951, S. 28; Stadt Kiel: Mitteilungen des Statistischen und Wahlamtes der Stadt Kiel Nr. 22, (Kiel, 1949); Talanow, Jörg: Kiel – Modernes, historisch gesehen, 2. Aufl., Kiel 1973; ders.: Kiel – so wie es war, 3. Aufl., Kiel 1980; ders.: Kiel – so wie es war II, 2. Aufl., Kiel 1979; Thiede, Klaus: St. Nikolai in Kiel, Kiel 1960; Thode, Herbert: Wiederaufbau der Nikolaikirche (maschinenschr. im Stadtarchiv), Kiel 1957; Voigt, Hans: Die Veränderung der Großstadt Kiel durch den Luftkrieg, in: Schriften des Geographischen Instituts der Universität Kiel, Bd. 13, Heft 2, 1950

Bildquellennachweis:

Fotos stellten dankenswerterweise zur Verfügung: Baum, Erich; Boeters, Ulrich, Prof. Dr.; Boeters, Ute; CDU-Landesverband Schleswig-Holstein; Grümmer, Hans; Kieler Nachrichten; Kieler Verkehrs-AG; Kiesel, Wolfgang; Kirchengemeinde St. Nikolai; Landesamt für Denkmalpflege; Landesbibliothek; Landesbildstelle; Magnussen, Friedrich; (Kaufhaus) »Merkur«; Nordmark-Film Garms; Ostseehalle Kiel; Pressestelle des schlesw.-holst. Landtages; Stadtarchiv Kiel; Stadtplanungsamt Kiel; Stahlhut, Bruno; Vollert, Otto – alle in Kiel –; Heise, Michael, Bremen

CIP-Kurztitelaufnahme der Deutschen Bibliothek

Kiel, so wie es war 3
Jörg Talanow – Düsseldorf: Droste.
NE: Talanow, Jörg (Verf.)
Bd. 3. – 1980.
ISBN 3-7700-0583-X

2. Auflage 1994

Redaktion und Layout: Kitty Rehmer
Gesamtherstellung: L. N. Schaffrath, Geldern
ISBN 3-7700-0583-X

Die Dampferidylle in der Hörn täuscht über Kiels Wiederaufbauprobleme hinweg. Chronischer Arbeitsplatzmangel, Wohnungsnot, der von Besatzergenehmigungen abhängige Aufbau einer Friedensindustrie und parallele Demontagen mußten als Wirtschaftsbarrieren überwunden werden. – Die eine dicke Qualmwolke hinter sich herziehende »Altstadt« wurde im Mai 1961 von der KVAG an einen Berliner Schiffsführer verkauft, dort als »Bär von Berlin« eingesetzt und kam später als »Wappen von Schleswig« nach Schleswig-Holstein zurück an die Schlei

Nach der wirtschaftlichen Radikalkur, die dem künftigen Bundesbürger 1948 eine Währungsreform bescherte, konnte Kiels Renaissance beginnen. Ihre Anfänge verfingen sich in erheblichen Widersprüchen. Demontage und Wiederaufbau, Demokratisierung und Existenz der Besatzungsmacht hinderten die sich mühsam hochrappelnde Schleswig-Holstein-Metropole. Gewiß, die Besatzer bemühten sich um ein entkrampftes Verhältnis zum Normalverbraucher. Sichtbares Zeichen waren die Öffnung der bislang versagten deutschen Selbstverwaltung durch die Schaffung eines neuen Landtages im Februar 1946 oder die Einrichtung der »Brücke« im August 1950. Sie bot neben einer Bibliothek in Diskussions- und Vortragsräumen täglich drei Dokumentarfilme bei wöchentlichem Programmwechsel. Auf dem Richtschmaus betonte der vom Landeskommissar geschickte Education-Officer, daß das Ecke Holstenstraße/Holstenbrücke stehende Infozentrum kein Organ englischer Propaganda sein sollte, sondern Freundschaftsbasis »wie die Fundamente dieses Gebäudes«. Unverständlich blieb in diesem Zusammenhang die britische Helgoland-Politik, die als Schleswig-Holstein-Frage naturgemäß auch die Kieler berühren mußte. Die Engländer benutzten die rote Sandsteininsel als Bombenübungsziel ihrer Luftwaffe und handelten sich von der Landesregierung Proteste ein. Da sich aber der Sieger bekanntlich immer im Recht weiß, sahen die vergeblichen Schimpfkanonaden des blau-weiß-roten Kabinetts eher aus wie die Schelte eines politischen David gegenüber Goliath. Erst am 1. März 1952 kam der Felsen mit seiner »Langen Anna« wieder unter deutsche Flagge.

Neben dem psychischen Moment, durch ein fremdes Land gegängelt zu werden, stand ein nicht zu unterschätzendes finanzielles Problem. Eine harte Nuß bedeuteten für Bundesfinanzminister Schäffer immer wieder die Besatzungskosten, die er z. B. für das Rechnungsjahr 1951/52 auf 6595 Milliarden DM veranschlagte und »irgendwo« im Bundeshaushalt ausgleichen mußte. Gemeinden, Kreise und Länder mußten darüber hinaus einen eigenen Anteil der Besatzungsfolgen tragen. Gerade in der schleswig-holsteinischen Hauptstadt, die außer Engländern auch Norweger, Dänen sowie den amerikanischen und französischen Beobachter

Kiels wirtschaftliche Wiedergeburt wurde durch vielfache Beschränkungen der englischen Besatzungsmacht verlangsamt. Militärkonzerte, Paraden oder kulturelle Veranstaltungen trugen zum entkrampften Klima zwischen Besetzern und Besetzten bei (Foto: Victory-day-Parade auf dem Rathausplatz, 1946)

mit ihren Stäben beherbergte, waren die Besatzungskosten besonders hoch und brachten mit durchschnittlich 1 480 000 DM im Monat den Stadtkämmerer um seinen Schlaf. Keineswegs alles »offizielle Ausgaben«. Auch für den Segelbetrieb der Besatzer hielt Kiels Steuergroschen größtenteils her. So fuhren z. B. im Juli 1951 fünf Yachten auf Besatzungskosten zu sportlichen Wettkämpfen nach England und »natürlich« brauchte auch eine englische Lady das Waschen ihrer Wäsche nicht selbst vorzunehmen oder gar zu bezahlen. Die Abrechnungen wiesen daher häufig äußerst bunte Posten auf, die von Entbindungskosten einer Mrs. X bis zu laufenden Gebäudereinigungen reichten. Eine spürbare finanzielle Erleichterung registrierte Kämmerer Dr. Fuchs, als die Bundesrepublik im Mai 1955 in die Reihen der souveränen Staaten einrückte – nach zehnjähriger Besatzungszeit.

Lockendes Wirtschaftswunder, soziale Marktwirtschaft und Markenabschaffung im März 1950 für noch bestehende Rationalisierungen einerseits, Entbehrung und Armut auf der anderen Seite. Bundesarbeitsminister Storch griff im Februar 1950 in der Fördestadt das Arbeitslosenproblem auf und bat seine Zuhörer um Geduld und Verständnis für den langwierigen Aufbau. Hinzu kam im extrem kalten Winter 1950/51 eine katastrophale Brennstoffversorgungslage, bei der sich niemand Vorräte anlegen konnte. Kiel lebte förmlich vom Waggon in den Kessel. Die prekäre Lage wird erst verständlich, wenn man bedenkt, daß das Vorkriegs-Kiel 45 000 Tonnen Kohle pro Jahr verfeuerte, 1950/51 aber mit nur 25 239 Tonnen Wärme in die noch schlechten Behausungen brachte.

Haufenweise schütteten KN und VZ Nachrichten unter das Leservolk, das von Einbrüchen und Schwindeleien derer las, denen die Not noch immer unter den Nägeln brannte. Schrottdiebstahlsberichte fehlten ebensowenig wie die tägliche Wetterkarte oder das Radioprogramm vom NWDR. Seitdem Altmetall immer kostbarer wurde, kam es besonders im Spätsommer 1951 zu einem heißen Kampf um das in der Heikendorfer Bucht liegende Wrack des ehemaligen Schweren Kreuzers »Hipper«. Offiziell stand die rostige Unterwasserruine als Kriegsbeute der Besatzungsmacht zu. Während tagsüber die »offiziellen Berger« einen Spant nach dem anderen, eine Stahl- oder Panzerplatte nach der anderen absprengten oder hoben, erlebte das Strandgebiet nach ihrem Feierabend eine äußerst lebendige Hochkonjunktur.

Britisches Militärkonzert auf dem Rathausplatz (1946). Hinter den Blechbauten verläuft die zerschossene Willestraße, die erst ab 1950 eine erneute, geschlossene Bebauung erhielt

Das »British Informations-Center«, die »Brücke«, schuf als kulturelles Vortrags,- Veranstaltungs- und Bibliothekszentrum zwischen Engländern und Kielern Kommunikation auf kultureller Ebene. Aus finanziellen Gründen schloß die von monatlich rund zwanzigtausend Besuchern aufgesuchte Einrichtung am 31. März 1953 ihre Pforten

Wie die Raben, manchmal zu Dutzenden, drängten sich Boote und Kutter der illegalen Schrottinteressenten. Taucher, wie tagsüber bei den »Professionellen«, waren kaum darunter. Statt dessen rückten die Metalljäger und -sammler mit allerhand merkwürdigen Geräten an. Einige ließen Suchanker ins Wasser gleiten, andere fischten mit selbst konstruierten Spezial-Schrottzangen die Sprengstellen ab. Wenn die Wasserschutzpolizei die Bucht ansteuerte, setzten Auseinanderstieben und Flucht ein. Vielen half es nicht. Sie wurden dingfest gemacht, handelten sich Anzeigen und Bestrafungen ein. Deren Wirkung blieb gleich Null. Es waren nämlich blanke DM, die im Schlick der Bucht frisch abgesprengt dalagen und nur gegriffen zu werden brauchten. Demgegenüber spürte »Otto Normalverbraucher« den Wandel von der Zwangs- zur freien Marktwirtschaft in seinem Portemonnaie, als das Marken- und Bezugscheinwesen Anfang 1950 mit Ausnahme für Zucker verschwand. Kiels Hausfrauen merkten die Besserung schon in den Weihnachtswochen 1949, als der »freie Donnerstagnachmittag« der Kaufleute aufgehoben wurde, seinerzeit eingeführt, damit der Kaufmann die zeitliche Last bewältigen konnte, zahlreiche Zeitungsbögen mit Marken zu bekleben. Der Fortfall der Bewirtschaftung brachte dem Rathaus eine leerer werdende Wirtschaftsamtsetage. Menschenschlangen verschwanden und in den Dienstzimmern ließen im Januar 1950 nur noch 25 Amtspersonen existenzwichtige Stempel auf Bezugsscheine sausen, gegenüber 339 Angestellten im Vorjahr. Vorwiegend mußten sie Treibstoffbezugsscheine und Interzonenkarten bearbeiten. Benzin floß nicht in paradiesischen Strömen, so daß das erste Kabinett Adenauer den Preis für einen Liter Benzin – verhältnismäßig hoch – auf 53 Pfennige festlegte; für einen Liter Diesel mußten 38 Pfennige gezahlt werden. Sofort gingen ca. 150 Kieler Firmen mit ihren Möbelwagen, Lkw und Omnibussen auf die Straße und machten mit einer Demonstrationsfahrt vom Professor-Peters-Platz zum Wilhelmplatz ihrem Ärger über die Bonner Portemonnaie-Attacke Luft. Bei den damals allgemein niedrigen Lebenshaltungskosten und geringeren Einkommen eine verständliche Reaktion.

Im Juli 1951 beendeten die Alliierten mit dem besiegten Deutschland den Kriegszustand, ohne jedoch bis 1955 das (1949 stark revidierte) Besatzungsstatut zu beeinträchtigen. Schon im Februar 1946 erhielt Schleswig-Holstein mit seinem von den Engländern eingesetzten Parlament ein Stückchen Selbstverwaltung zurück. Unser Foto zeigt Ex-Ministerpräsident und Alterspräsident Lüdemann am 11. Oktober 1954 in der ersten Landtagssitzung der dritten Legislaturperiode, der beginnenden »Ära von Hassel«. Links der 26jährige Schriftführer Gerhard Stoltenberg (CDU), rechts sein sozialdemokratischer Kollege Detlef Haase. Statt Weimarer Parteienvielfalt schälte sich in der gesamten Republik ein solides Dreiparteiensystem heraus. Im Kieler Landtag kommt, unabhängig von der Fünf-Prozent-Klausel, ein Sitz des Südschleswiger Wählerverbandes für die dänische Minderheit hinzu

Neben materiellem Nachholbedarf stand bei etlichen Fördebewohnern die Sorge über nicht heimgekehrte Angehörige noch immer ganz oben an. Briefe aller Bevölkerungskreise, Hunderte, Tausende, überschwemmten die Hamburger Suchdienst-Zonenzentrale. Seit Beginn der Recherchen bei Kriegsende gingen bis Februar 1950 rund 3,5 Millionen Anfragen von Mitbürgern ein. Tenor war ihr sehnlichster Wunsch, über das Schicksal von Angehörigen endlich Gewißheit zu bekommen. Ein Schock traf die Deutschen Anfang Mai 1950, als die amtliche sowjetische Nachrichtenagentur TASS die Zurückführung deutscher Männer und Frauen als abgeschlossen hinstellte. Durch Aussagen und Berichte Heimgekehrter wußte man von noch abertausenden deutschen Menschen in sowjetischen Gefängnissen und Lagern. Die traurige Bilanz für Kiel wies noch fast 7500 Vermißte auf. Grund genug, um am 19. Mai gegen die Zurückhaltung von Kriegsgefangenen in der UdSSR und deren Satellitenstaaten auf dem Rathausplatz zu demonstrieren. Die Nebenwirkungen des Stimmungsbarometers bekam DKP-Chef Max Reimann wenige Tage später anläßlich einer Landtagswahlkampf-Veranstaltung zu spüren. Seine Thesen vom »Westdeutschen Söldnerheer« und den »Bonner Kriegstreibern« fanden nur bei der damals noch nicht verbotenen FDJ und einem kleinen Häufchen Kommunisten Applaus. Nach DKP-Manier überreichten zwei »freie Jugendliche« dem westdeutschen Chef-Kommunisten einen Blumenstrauß, freilich vor einer wenig blumenbekränzten Kulisse: mit Schildern bewaffnete Kieler stellten Reimann die mahnend-bohrende Frage: »Wo bleiben unsere Kriegsgefangenen?« Ihre Antwort ließ über fünf Jahre auf sich warten. Endlich, 1955, gab Kreml-Chef Bulganin Kanzler Adenauer sein Jawort zur Gefangenenfreilassung. Seit dem 9. Oktober ließ er wieder Heimkehrertransporte nach Friedland rollen; die Kieler stellten als Freudeszeichen grüne Kerzen des DRK in ihre Fenster. »Kiel holt seine Heimkehrer« lehrte ein Transparent an dem zwischen Durchgangslager und Landeshauptstadt pendelnden Heimkehrerbus. Am 11. Oktober 1955 sorgte er spät nachts bei etwa zweitausend auf dem Rathausplatz wartenden Bürgern für dramatische

Lagebedingt suchte Kiel zu Beginn der Wiederaufbaujahre Kontakt zu seinen ausländischen, vorwiegend skandinavischen, Nachbarn. Ab 8. Mai 1951 nahm die Kieler Verkehrs-AG mit Schiffen der Reederei Paulsen & Ivers die traditionelle Kiel-Korsör-Linie in noch bescheidenem Reiseverkehrsrahmen auf

Szenen. Genau um 1.45 Uhr bog er von der Andreas-Gayk-Straße in die Hafenstraße ein, unaufhörlich seine Scheinwerfer auf- und abblendend. Wenige Minuten später standen viele Heimkehrer fassungslos ihren schon viele Stunden wartenden Verwandten, Frauen und Kindern gegenüber. Über viertausend Tage, über zehn Jahre lang durften sie sich nicht sehen. »Steht unsere Ecke noch?« – »Seid ihr alle gesund . . .?« Besorgte Fragen, Umarmungen, Tränen – auch bei Unbeteiligten.

Arbeitsplätze, volle Auftragsbücher und ein Dorado für Architekten lieferte Kiels Wiederaufbau. Ein Name drückte dabei der Fülle von Planungsideen seinen bleibenden Stempel auf: Herbert Jensen, seit 1935 Kiels Stadtplaner. Vielfach versuchten andere Städte, den qualifizierten Mann von der Förde für sich zu gewinnen. Mehrmals umwarb ihn die TH Braunschweig und schaffte es schließlich, Kiels geistigen Vater des Wiederaufbaus zum 1. August 1962 als Städtebau-Professor wegzuholen. – In einer 1947 veröffentlichten Wettbewerbsausschreibung wandte sich die Stadtverwaltung an die Architekten der nördlichen Besatzungszonenteile, um sie zur Mitarbeit an der städtischen Neugestaltung anzuregen. Viel Luft, breite Grüngürtel und eine Absage an enges Gassengewirr sollten Maximen des planerischen Pionierwerkes werden. Nahezu alle eingereichten Entwürfe ließen auf den ersten Blick Großflächen und einen Hang zum Schematismus erkennen. Ein Stadtgestalter wünschte sich eine stereotype Innenstadtbebauung, bei der sich die Bausubstanz in Hoch-Niedrig-Hoch-Intervallen darstellen sollte und teilweise später im Gebiete Schevenbrücke/Holstenstraße realisiert wurde. Ein anderer sah am hügeligen Villen-Nordufer des Kleinen Kiel eine mietskasernenähnliche Bebauung vor, stieß aber mit dieser Version bei der Wettbewerbsjury auf wenig Gegenliebe. Erwähnenswert bleibt ein Hamburger Architektentrio. Mit dem alten Kieler Traum, einer zwischen Vorstadt und Ostufer verlaufenden Hafenbrücke, wagten die drei Hanseaten auf dem Reißbrett den Sprung über die Förde. Sie gingen sogar noch einen Schritt weiter und bezogen das östliche Ufer in ihre City-Planung ein, indem sie die in Düsternbrook gelegene Landesregierung aus ihrem Abseits holen und auf das zerschossene Werftgelände setzen wollten. Städtebaulich gesehen bot diese planerische Lösung die reizvolle Chance, den keilförmigen Fördecharakter durch eine strukturell ähnliche West- und Ostuferbebauung zu betonen.

»Die Kieler Woche ist ein ... Bekenntnis zu ganz Europa.« Mit diesen Worten faßte Bundestagspräsident Dr. Ehlers 1952 das Bemühen Kiels beim Wiederaufbau der durch das Dritte Reich zerschlagenen Völkerverständigung zusammen. Bereits 1948 nicht mehr als reines Seglerfest konzipiert, präsentierte sich die Festwoche fortlaufend als Vergnügen für alle Bevölkerungsgruppen. (Foto: Modenschau am Hindenburgufer 1950) – Während in den ersten Jahren im Rathaus entworfene Werbeposter den Geschmack der Gäste am neuerstandenen Seglertreffen reizen sollten, ging man 1950 zu Plakatwettbewerben über. 1955 rief die Stadt erstmalig das Ausland zur Beteiligung auf. Die Jury mußte unter den aus zehn Nationen eingesandten 1220 Entwürfen den prägnantesten auswählen. Ihre Entscheidung fiel auf das Schriftbild in der oberen Plakatreihe

Unklar war 1959, ob »Stammgast« Theodor Heuss in seiner Eigenschaft als Bundespräsident die Kieler Woche noch eröffnen würde. Viele Meinungsbörsen handelten Adenauer als neues Staatsoberhaupt. In der Tat plante der Regierungschef seinen Wechsel in die Villa Hammerschmidt, so daß man sich wiederum im Palais Schaumburg die Köpfe um die Kanzlernachfolge zerbrach: Wirtschaftsminister Erhard oder Finanzminister Etzel? Überraschend überlegte sich Adenauer, lieber noch einige Jahre die Richtlinien der Bonner Politik zu bestimmen und schickte seinen Ernährungsminister Heinrich Lübke gegen FDP-Becker und Carlo Schmid (SPD) ins Rennen. Da die Wahl erst im Herbst 1959 stattfand, würdigten die kühlen Kieler Theodor Heuss mit einem triumphalen Empfang als »Dankeschön« für zehnjährige Kieler-Woche-Treue. Auch außerhalb des Seglerwettstreits war der Liberale aus dem Musterländle ein gern gesehener Fördegast. Am 15. Dezember 1958 reiste er – zünftig »pudelbemützt« – zur Indienststellung des Windjammers »Pamir« an, dem ersten deutschen Frachtschulschiff der wiedererstandenen deutschen Handelsflotte. Ein Hurrikan bereitete dem sechs Jahre zuvor vor der Verschrottung bewahrten Oldtimer am 21. September 1957 im Atlantik sein Ende

Im Gegensatz zur trockenen Theorie konnte die unbequeme Praxis nicht vom ebenen Planungstisch ausgehen. Aufgewühlte Straßen, verödete Plätze, zerschossene Ruinen, Blindgänger und monströse Bunker mußten überwunden werden. Letztere füllten ein besonderes Kapitel der vom Dritten Reich hinterlassenen schweren Hypothek. Bis zum Kriegsende erfreuten sich die grauen Schutzklötze der höchsten Wertschätzung durch die Bevölkerung als Garant für nacktes Leben. Danach verfielen sie allgemeiner Verachtung. Zehn der alten Betonfestungen ließ die Stadt für Wohn- und Geschäftszwecke herrichten und demilitarisierte sie durch kostenaufwendige Fenstereinsprengungen. Noch während der großen Entfestigungsaktion ärgerte man sich über ihre konsequente Durchführung. Ende 1950 ließ die »Vermögensverwaltung der Oberfinanzdirektion«, der die Kieler Luftschutzbunker unterstanden, daher einen »Entfestigungsstopp« für die letzten vorhandenen Bunker anordnen. Für Kiel kam dieser Befehl allerdings zu spät. Während in Hamburg z. B. von rund einhundert Hochbunkern nur drei völlig entfestigt und zwei gesprengt wurden, zerstörte die Besatzungsmacht die Kieler Anlagen im Eiltempo. Luftschutzanlagen im Werte zwischen 30 bis 50 Millionen DM flogen in die Luft oder bröckelten unter Preßlufthammerdruck auseinander. Schon 1952 besann man sich erneut auf zivilen Bevölkerungsschutz. Der Neubesinnung folgten kaum nennenswerte Umsetzungen in die Praxis, da die Wiederherstellungskosten der zerstampften Bunkeranlagen schon 1952 das Bundesbudget um mindestens 100 Millionen DM dezimiert hätten.

Als Stiefkind des Wiederaufbaus führte der Hauptbahnhof lange Jahre ein Schattendasein. Im September 1950 lagen im Zimmer 300 der Bundesbahndirektion Hamburg Pläne

Vor dem Hauptbahnhof trägt ein Kieler das Los zigtausender Bundesbürger: Die Ungewißheit über Angehörige, die nach 1945 in die Hände der Ostblockstaaten gerieten. Erst im Oktober 1955 kam ein Funken Wärme in den kalten Krieg, als Bulganin deutsche Kriegsgefangene freiließ

Erster Heimateindruck für viele im Krieg Versprengte: Der Wartesaal III. Klasse des Hauptbahnhofs (Weihnachten 1948)

bereit, die den inzwischen ungeduldigen Kielern ein neues Bahnhofsgesicht versprachen. Aber ihre Realisierung, ohnehin nur auf Raten erfolgt, ließ lange auf sich warten. Im Sommer 1953 blühten sogar sattgrüne Pflanzen und Gräser an der dem Sophienblatt zugekehrten Ruinenwand. Zwei Jahre später erhielten die Reisenden als Weihnachtsgeschenk eine repräsentative Eingangshalle und einen neugestalteten Ostflügel. Aus den ehemaligen »Fürstlichen Räumen« schuf man eine Bahnhofsgaststätte und ließ den »Kaisereingang« zumauern. An seiner Stelle gibt seitdem eine breite Fensterfront den Ausblick auf die Hörn frei. Bis 1954 grüßte den nach Kiel Kommenden eine merkwürdige Synthese von weltlichen und geistlichen Gebäuden. Zerschossen, nur mit einem Notdach bedeckt, pflegte die 1902 gebaute St.-Jürgens-Kirche ihre Nachbarschaft zum Bahnhof. Obwohl kein kulturhistorisches Denkmal, bedeutete das mitten auf dem schmalen Sophienblatt stehende Bauwerk für alteingesessene Kieler ein Stück stadtgeschichtliche Tradition. Der engagierte Vertreter des Wiederaufbaugedankens, Pastor Haupt, plante entgegen der Stadtverwaltung keine Ruinenbeseitigung und keinen völligen Kirchenneubau an anderer Stelle, sondern wollte schon 1950 das zerstörte Chorgewölbe seiner ganzen Länge nach mit einem Buntglasgewölbe überdacht sehen. Den kommunalen Planern bereitete demgegenüber das Sophienblatt als nervenraubendes Verkehrsnadelöhr erhebliche Sorgen. Eine Lösung versprach ihnen allein der Abbau von St. Jürgen mitsamt dem dahinterliegenden Friedhof. Noch Anfang 1951 gingen sie von einer Zurückverlegung der Kirchhofsmauer und einer durch den Kirchturmstumpf zu fräsenden Fußgängerarkade aus. Dieses Projekt zerschlug sich. Genau 24 Stunden vor dem sich zum 52. Male jährenden Grundsteinlegungstag hob ein Polier am 28. April 1954 die Kupferkassette mit Gründungsurkunden und Münzen aus den Kirchenmauern heraus. Ende Juli kam es beim letzten Gottesdienst in der alten Ruine zu einem regelrechten Ansturm. Kirchenschiff und Vorhalle konnten längst nicht alle Besucher aufnehmen. Die Orgel (an der sich übrigens zuvor Metalldiebe versuchen wollten) war bereits abmontiert; Harmonium und Chor mußten einen ausreichenden musikalischen Rahmen liefern.

993 steinerne Zeugen erinnern auf dem Nordfriedhof an Engländer, die in dem sechsjährigen Krieg vor Schleswig-Holsteins Küsten ertranken oder über dem Land abgeschossen wurden. Wenige Schritte von ihnen entfernt ruhen viele ihrer einstigen deutschen Gegner

Wenige Tage später trugen Arbeiter die Kirchenreste ab. Ursprünglich sah man eine Sprengung des Turmes vor, wählte aber wegen der Gefährdung umliegender Gebäude das zeitraubende Abtragen per Hand. Am 7. September 1954 gab es die alte St.-Jürgens-Kirche nicht mehr; der Startschuß für die Verbreiterung des Sophienblattes konnte fallen. – Der angrenzende Friedhof bot seit Kriegsende den Zustand eines aufgewühlten Rübenackers. Zerborstene Bäume, verwitterte Steine, verwilderte Wege – beschädigt und zerschlagen – insgesamt ein trostloses Bild. Hier kamen zwar noch jährlich am 24. März die Vertreter des Schleswig-Holsteinischen Heimatbundes zusammen, um den Opfern der gescheiterten Erhebung von 1848 zu gedenken; ansonsten verlor der einstige Traditionsfriedhof seine Rolle als Spiegelbild der Stadthistorie und zeigte sich als wüste Nachkriegsstätte. Schrott- und Metallwarendiebe degradierten ihn zum wehrlosen Selbstbedienungsladen. Sie demontierten eiserne Grabeinfassungen, Grabplatten und machten sogar vor Urnen keinen Halt. Aus zerstörten Grotten und Gewölben zerrte Kiels Kripo vielfach untergetauchte kriminelle Elemente. Selbst Kinder hausten abenteuerlich in Grabkammern. Dem Ganzen bereiteten zwei Bagger und ein Dutzend Lkw im Mai 1954 ein Ende. Innerhalb von drei Wochen walzten sie den Friedhof platt. Nikolaus Falck, Henriette Friederica von Ellendsheim, Familie Hegewisch oder der dänische Dichter Jens Baggesen fanden ihre – wohl – letzte Bleibe auf dem Friedhof Eichhof. Nirgendwo in der Stadt zeigt sich seitdem derart komprimierte Stadtgeschichte wie auf dieser Ruhestätte.

Auf der Wasserseite des Bahnhofs trug man sich nicht mit Abbruch-, sondern mit Aufbaugedanken. Dabei ging es nicht um ein Bauwerk, sondern um die erneute Belebung des Kiel-Korsör-Verkehrs, dessen Anfänge schon im 18. Jahrhundert lagen. 1780 ließ eine Kopenhagener Reederei fünf Schiffe zwischen beiden Ostsee-Städten hin- und herpendeln. In den ersten Jahren steuerten die königlichen Kassen für das noch unerprobte und daher abenteuerliche Wirtschaftsunternehmen einen gönnerhaften Zuschuß bei. 1819 modernisierte man die Linie mit dem in England gebauten Dampfboot »Caledonia«, 1864 mit dem Einsatz deutscher

Hauptbahnhof
arko

Trotz kriegsbedingter Beschlagnahme des Busparks erreichten die seit 1948 erneut rollenden grün-weißen Busse der »Kiel–Hamburger–Autobusfernfahrt GmbH« eine beachtliche Popularität. Die 1926 gegründete und von den Kieler Kaufleuten Stahlhut, Richartz, Brorsen und Grümmer betriebene Privatlinie stellte ihren Betrieb am 31. Dezember 1962 ein. Unsere Aufnahme stammt vom Sommer 1955 und zeigt die Hafenseite des Bahnhofes

◁ *Trotz des nach der Währungsreform einsetzenden Baubooms blieb der Hauptbahnhof lange Jahre Stiefkind des Wiederaufbaus. Erst Weihnachten 1955 sollten Eingangshalle und zerschossener Ostflügel ihr neues Aussehen zeigen (Foto: Sommer 1951)*

◁ *Die sich zum Mai-Umzug 1950 formierenden Menschenmassen können nicht den desolaten Bauzustand des Bahnhofsgebietes kaschieren. Erst im September 1952 verschwanden die häßlichen Baulücken zwischen Sophienblatt und Auguste-Viktoria-Straße anläßlich des Raiffeisenhaus-Baues und ließen rund 20 behelfsmäßige Verkaufsbuden Vergangenheit werden*

Opfer der Sophienblatt-Erweiterung wurde im August 1954 die an der Bahnhofswestseite stehende St.-Jürgens-Kirchenruine (Foto: 13. Juli 1954)

Dampfer. Die Fähre entwickelte sich zu einem wichtigen völkerverbindenden Verkehrsmittel. Erst die Jahre nach dem Ersten Weltkrieg brachten sie 1924 nach fast 150jährigem Bestehen zum Erliegen. Am 14. Mai 1950 versuchte die Reederei Paulsen & Ivers eine Wiederbelebung. Vier Tage vor der Premiere lagen zwei große weiße, über die Toppen geflaggte Passagierdampfer hintereinander am Bahnhofskai.

Im Revolutionsjahr 1848 trat Schleswig-Holstein mit einer eigenen Revolution auf die Geschichtsbühne. Ihr Ziel war, von Dänemark vollständig unabhängig zu werden, eine durch den Wiener Kongreß rechtlich mögliche gesamtstaatliche Verfassung zu erhalten und einen vermehrten Anschluß an den deutschen Bund zu erreichen. Zur Durchsetzung dieser Erhebung bildete sich am 24. März 1848 in Kiel eine provisorische Regierung (unten). Dänemarks militärische Überlegenheit ließ das Vorhaben jedoch scheitern. Jährlich erinnert der Schleswig-Holsteinische Heimatbund an die Opfer des Märzaufstandes, wie z. B. am 24. März 1952 auf dem 1954 abgetragenen St.-Jürgens-Friedhof am Bahnhof

Erhalten gebliebene, beachtenswerte Backsteinbauten in der südlichen Innenstadt: Sophienblatt 3 (1922) und das Gießereigebäude der ehemaligen Fabrik Bohn & Kähler in der Deliusstraße (1915–1916). Seine Fassade, die Stilelemente eines wiederbelebten, frühen Klassizismus vermittelt, ist – teilweise rekonstruiert – in den Gerichtsneubau integriert worden

Blick von der Gablenzbrücke auf die notdürftig überdachte St.-Jürgens-Kirche und das Bahnhofsgebiet (Februar 1954)

Die »Harald« und die »Christian Ivers« ließen bei den Kielern Erinnerungen an die Zeit auftauchen, als fast an gleicher Stelle gut 30 Jahre zuvor die alten Korsör-Dampfer anlegten oder vor dem letzten Weltkrieg die Schiffe des Ostpreußendienstes an den Pollern festmachten. Die neuen Schiffe, auf denen rund 400 Passagiere zeitgemäßen Seefahrtskomfort vorfanden, befuhren die Strecke Kiel–Korsör in fünfeinhalb Stunden. Sie brachten gegenüber einem Expreßzug zwei und gegenüber einem Personenzug vier Stunden Zeitersparnis. Außerdem verlangte der schon fünf Jahre nach dem Zusammenbruch wieder in Gang gekommene Ausflugsverkehr nach leistungsfähigen Transportmitteln. Die zwischen DDR und Skandinavien verkehrenden Linien Saßnitz–Trelleborg und Warnemünde–Gedser fielen durch den »Eisernen Vorhang« praktisch aus. Gleich-

Für viele Bürger blieb eine Neubauwohnung noch etliche Nachkriegsjahre lang ein Wunschtraum. Am härtesten waren die Bewohner von Notunterkünften betroffen. Noch im März 1951 zählte man 125 Einzelbaracken im Stadtbild; darüber hinaus mußten 11952 Kieler (davon 25 Prozent Kinder und Jugendliche) in 23 Baracken- und Wohnlagern leben. – Blick auf die blechernen Nissenhütten des Augustenburger Platzes (vor der heutigen Hauptpost) 1947

Ruinen auf dem südlichen Teil des 1955 angelegten Holstenplatzes

zeitig erhöhte sich der Verkehr über die »trockene Grenze« bei Krusau 1949 auf 400000 Personen. Bereits zum Zeitpunkt der Korsör-Linien-Wiedergeburt kamen täglich 300 bis 400 Autos über die Grenze, doppelt soviel an Festtagen. Dieser Verkehr rollte bis Mai 1950 meistens über Deutschland nach Holland, Belgien, Frankreich, der Schweiz und Italien. Ab jenem Zeitpunkt standen den nördlichen Nachbarn valutamäßig auch Österreich und Deutschland wieder offen. Ihre Reiselust, so orakelten bundesdeutsche Fremdenverkehrsmanager, müßte auch in Schleswig-Holstein zu einer Besuchersteigerung führen. Ein Blick in die Anmeldelisten der Korsör-Linie überraschte sie angenehm. Rund 15000 Passagiere und 300 Busse ließen die Fähre bis September 1950 ausgebucht sein. Der Ausflugsverkehr führte anfangs ähnlich einer Einbahnstraße hauptsächlich Dänen nach Deutschland. Von deutscher Seite konnten nur Geschäftsreisende, einzelne Jugend- und Studiengruppen sowie Teilnehmer kultureller und sportlicher Veranstaltungen ein dänisches Einreisevisum erhalten. Die ungehemmte Reisehoffnung derer, die schon über nötiges Urlaubskleingeld verfügten, stieg, nachdem Bonn im Sommer 1950 mit Österreich, der Schweiz und Frankreich Vereinbarungen über Reiseerleichterungen traf. Bei Dänemark erhofften Deutschlands Erholungssuchende eine gleiche Regelung. Allerdings machten sie in der Saison 1950/51 nur 5 Prozent der ca. 25000 Skandinavien-Passagiere aus. – Am Fähr-

Eröffnungstag besuchte Korsörs Bürgermeister Kiel. Man sah die Stadtväter beider Städte mit freudiger Miene und Prinz-Heinrich-Mütze (alias Kanzler-Mütze seit 1973) am Kai stehen. Umgekehrt waren auch die Kieler in Korsör vertreten. Einen Tag zuvor gaben die Dänen Kiels Stadtpräsidenten Dr. Peter Jeschke einen Empfang. Leider fiel ein Wermutstropfen in die bilaterale Hochstimmung. Neben den überaus deutschfreundlichen Bildreportagen in Dänemarks Tagesblättern häuften sich Einsprüche und Proteste der ehemaligen dänischen Widerstandsbewegungen gegen den Empfang eines deutschen Repräsentanten. Ohne Erfolg. Jeschke konnte den Korsör-Bürgermeisterbesuch erwidern und erlebte keine weiteren Zwischenfälle. Der politisch-geschichtliche Bann zwischen beiden Nachbarn schien gebrochen.

Lange Jahre »danach« sahen sich Bauplaner und -herren stummen oder explosiven Zeugen der Vergangenheit gegenüber. Vielfach mußten (z. T. auf Besatzergeheiß »entfestigte«) Bunkeranlagen zugunsten von Neubaugebieten beseitigt oder Blindgänger von der Munitionsräumgruppe der Landesregierung entschärft werden. Rechts die Sprengung des Christiani-Bunkers am Abend des 14. August 1953 von der Holtenauer Straße (»Klagemauer«) aus gesehen

Anlegen des Holstenplatzes im September 1955

Bau der Ostseehalle sowie der Straße »Kleiner Kuhberg« (Frühjahr 1951)

Richtfest der Ostseehalle am 30. April 1951 (4. von rechts: Oberbürgermeister Andreas Gayk) ▷

Stadtvertreter und Arbeiterschaft am Tag des Richtfestes. ▷

Die Fähre blieb nur kurz in Ivers' Händen. Finanzielle Schwierigkeiten, unter anderem durch den Koreakrieg ausgebliebene GIs als Skandinavienreisende, waren einer der Gründe. Ab 8. Mai 1951 ließ die aus KVAG und Sartori & Berger gebildete Kieler Reederei-GmbH die gleiche Linie mit gleichen Schiffen über die Ostsee gleiten.
Der völkerversöhnende Gedanke mag auch bei der auf dem Kuhberg errichteten Ostseehalle Pate gestanden haben. Einigkeit für diesen Bau gab es innerhalb der Bevölkerung zunächst nicht. Der Hotel- und Gaststätten-Verband witterte zum Nachteil der Saalbetriebe eine gefährliche städtische Konkurrenz, falls es in der Halle zur Durchführung von Tanzveranstaltungen kommen sollte. In das gleiche Horn blies Theaterintendant Noller, als er prophezeite: »Die Ostseehalle ist der Ruin des Theaters!« Auch ihr Standort schien nicht unbestritten. Noch im Januar 1950 protestierte der Allgemeine Kieler Kommunal-Verein in der Aula der Humboldtschule wegen der »räumlichen Enge« zum Wochenmarkt und der befürchteten Umweltverschandelung durch den geplanten Bau der »Messe- und Sporthalle« auf dem Exerzierplatz, obwohl er das städtische Vorhaben zur Belebung der Kieler Wirtschaft andererseits als notwendig bewertete. Ähnliche Bedenken äußerten sieben Stadtvertreter und boten als Alternativlösung den Professor-Peters-Platz an. 28 Ratsherren plädierten jedoch für den »Exer«, so daß die Ostseehalle dort zur »Kieler Woche 1951« der Öffentlichkeit übergeben werden konnte. Schon das Ende April erfolgte Richtfest zählte zu den bedeutendsten des Nachkriegs-Kiel, weil der Bau von seiner Konstruktion her ein Novum bedeutete. Architekt Wilhelm Neveling ließ ihn aus Material herrichten, das die Demontage zweier auf Sylt stehender Flugzeuggebäude hergab. Den Stadtvätern schien in jener Zeit des noch nicht perfekten Wohlstandsstaates mit der Ostseehalle architektonisch und ausstattungsmäßig der große Wurf gelungen zu sein. Sie vergaßen nicht, überall auf ihre Meisterleistung hinzuweisen, und ließen sich von den in Kiel gastierenden Künstlern gern die Güte der Akustik bestätigen. So lobte sie Fritz Fischer, als er in einem »Rausch der Melodien« die Fördestädter im November 1951 mit »Sterne auf dem Eis« entzückte. Nicht geringere Anerkennung ernteten sie von Furtwängler oder der auf Kieler Showboden singenden, tanzenden, steppenden Marika Rökk. Kurz – das Gästebuch wimmelte nur von Superlativen. »Großartig«, »glänzend«, »phantastisch«, regnete es in allen Sprachen auf die seinerzeit tatsächlich bemerkenswerte Ostseehalle. Beim Durchblättern zeigte sich die Bandbreite der Künstlerpalette. Da waren Zarah Leander, der »Lachende Vagabund« Fred Bertelmann oder der großkariert gekleidete Peter Frankenfeld, der mit »1:0 für Sie« 8000 Kieler – wie er sagte – »im kleinen intimen Raum« begrüßen konnte; auch Hans Albers fehlte nicht. Als er von seiner »Mutterstadt« Berlin mal in seine Vaterstadt Hamburg kam und eine Unterhaltungsveranstaltung gab, lockten Manager ihn gleichzeitig mit einem Vertrag nach Kiel. Das heißt, einen Vertrag schloß »Hannes« gar nicht richtig ab. Er ließ sich einen Programmvordruck kommen und sagte: »Mook wie!« – Ein Künstler beschränkte seinen Auftritt nicht nur auf sein Ostseehallen-Gastspiel. Erschreckt sprangen Kiels Fußgänger im Mai 1960 von den Bordsteinkanten zurück, als ihr Blick auf den Fahrer eines Cabrios fiel. Blind, mit einem dicken Sack über dem Kopf, steuerte der mysteriöse Chauffeur überraschend sicher über das Pflaster. Es war natürlich niemand anderes als der Magier Kalanag, der alle Ungläubigen von seiner Fähigkeit des Blindfahrens überzeugte. – Im ganzen gesehen mag es wohl kaum einen Prominenten oder eine populäre Gruppe gegeben haben, die nicht in der Ostseehalle gastierte. Nur einmal, im Frühjahr 1964, gab es herbe Enttäuschung. Die ins Fanatische abdriftende Beatle-Welle überspülte gerade die Welt, als die Pilzköpfe auch Deutschland bereisten. Nur die Berliner Fans kamen auf ihre Kosten, nicht aber die Kieler. Lennon, Harrison, McCartney und Starr zogen lieber eine gleich anschließende US-Tournee vor.
Mit der Zeit musterte das Publikum die Ostseehalle kritischer und mäkeliger. Als sie 1951 mit geringen Geldmitteln gebaut wurde, freute man sich, bei Veranstaltungen überhaupt einen Sitzplatz zu bekommen. Schon wenige Jahre später gab man sich in vielen Dingen anspruchsvoller, so daß sich die KN – »Kieler Nachrichten« – vom 8. Mai 1955 genötigt sahen, den sechs Jahre alten Bundesbürger zu karikieren – zehn Jahre »danach«: dick und behäbig saß er vor dem Fernseher, über dessen Bildschirm eine Ruinen-Reminiszenz an das Jahr 1945 flimmerte, und hielt in der Rechten das Erhardsche Attribut, eine Zigarre. Die Hallenleitung reagierte auf die Komfortnachfrage, warf 1959 die engen, schmalen Sitze hinaus und asphaltierte den Vorplatz. Zur umfassenden Modernisierung kam es erst Ende der siebziger Jahre.
Innerstädtische Unterhaltung und Abwechslung gaben der Stadt bis in die jüngste Gegenwart ein hartes Problem auf, das nicht allein durch eine Einrichtung wie die Ostseehalle zu lösen war. Restaurants, Cafés und vor allem Kinos fehlten in der noch fernsehlosen Zeit. Kiels Innenstadt spielte in den Vorkriegsjahren nicht nur die Rolle des Geschäftskernpunktes am Tage, sondern galt als Zentrum des Vergnügens und der Unterhaltung bis in die späte Nacht hinein – an der »Küste« bis in die frühen Morgenstunden. Allein die Innenstadt besaß vor dem Krieg sechs Kinos: Reichshallen, UT-Lichtspiele, Kammerlichtspiele, Doppelkrone, Capitol und Billström. Bis auf das Capitol (am Dreiecksplatz) und das Reichshallen-Theater, das nach der Zerstörung des eigenen Gebäudes im Gewerkschaftshaus eine Unterkunft fand, wurden die anderen Innenstadtkinos ein Opfer des Luftkrieges. Aber schon im November 1951 gab das »Gloria« an der Holstenbrücke den Vorhang frei mit dem treu-deutschen Farbfilm »Grün ist die Heide«. Zelluloidstreifen wie »Der dritte Mann« oder »Don Camillo und Peppone« waren Kassenschlager jener Tage. Bald kamen Brücke, Metro, City, Deli, Nordlicht und Regina hinzu. Die Kieler Kino-Szene zählte 1960 fast 20 Lichtspielhäuser verschiedener Größen.

Furtwängler, Frankenfeld, Marika Rökk oder René Carol (»Rote Lippen, rote Rosen, roter Wein«) bestätigten im Ostseehallen-Gästebuch durch Lobesverse den gelungenen städtebaulichen Wurf

In der Umgebung der neuen Kieler Veranstaltungshalle sah es während der Aufbauzeit noch recht karg aus. Nur der Rathausturm stand wie eine Eins. Der Mittelbau büßte in den letzten Kriegstagen seine weitgehende Unversehrtheit ein. Um dem fortschreitenden Verfall des Mauerwerks Einhalt zu gebieten, ergänzten 1948 und 1949 Maurer die zerbombte Sandsteinfront Zug um Zug in alter Form. Gegen ein neues Kupferdach – wie vor dem Zerstörungstag – sprachen die leeren Geldkassetten, so daß man sich für eine gewalmte Dachform mit Ziegeldeckung entschied. Eine vertretbare Lösung, zumal sie in einem der früheren Billingschen Rathauspläne auftauchte. Oberbürgermeister Gayk wollte Anfang der fünfziger Jahre den monumentalen Jugendstilbau auch im Inneren wieder errichtet sehen. Schlicht, ohne Schnörkel und großen Zierat. Im März 1950 erfolgte der erste Spendenaufruf an die Fördestädter, der eine ungeahnt kräftige Gabenlawine auslöste. So konnte gleich etwas Endgültiges geschaffen werden, kein simpler Notausbau, der nur fürs erste reichen mußte. Zur »Kieler Woche 1950« konnte der neue Ratssaal in Anwesenheit von Segler-Stammgast Theodor Heuss eingeweiht werden. Der Bundespräsident nutzte die Gelegenheit, um als Staatsmann und Historiker über den europäischen Einigungsgedanken und den Schumanplan zu sprechen. – Eine Etage tiefer hallten im Oktober 1956 »nach Feierabend« – oft bis in die tiefe Nacht hinein – Hammerschläge durch die Korridore: Eine von Alwin Blaue und Fritz During geschaffene neunteilige Relieffolge zeichnete noch einmal den Kieler Wiederaufbauwillen nach. Ein letzter Wunsch des 1954 verstorbenen Andreas Gayk wurde Wirklichkeit . . . Eine steinerne Szenenfolge, den Kielern gewidmet und ihnen beim Aufsuchen der Ämter begegnend. – Auch vor dem Rathaus tat sich etwas. Die Kieler erhielten zu Pfingsten 1950 die von Adolf Brütt geschaffene Bronzeplastik des ehemaligen Schwertträgerbrunnens zurück. Nachdem sie in den ersten Nachkriegsjahren lieblos auf dem Hof des Rathauses lag, bezog sie an der Ostseite des Mitteltraktes ein neues »Versteck«. An diesem wenig beachteten Standort gab es immer wieder irgendwelche Scherzbolde, die den überlebensgroßen »Eisenmann« mit Mütze und Schal bekleideten. Erst 1972 holte man ihn nach erfolgter Rathausplatz-Umgestaltung auf den Platz zurück.

Fünfhundert Meter südlich erhielt Kiel 1955 seine »Visitenkarte« für den vom Bahnhof her kommenden Besucher: den Holstenplatz. Die Weichen für seine Anlage stellte Herbert Jensen 1949, als er die »Klinke« aus dem Stadtplan strich und die »Neue Straße« anlegen ließ. Sie sollte Fleethörn, ehemalige Klinke und Holstenstraße verkehrsmäßig entlasten. Pech verfolgte die Linie 4, als sie im Dezember 1950 die ersten Schienenmeter auf der Neuen Straße zurücklegte. Schon Ecke Hafenstraße kam es mit einem Pkw zu einem Zusammenstoß, weil der Fahrer die »4« immer noch an der Holstenstraße vermutete. – Ursprünglich wünschte sich der Stadtbaurat den neugeschaffenen Platz mit südlicher und nördlicher Hochhausflankierung. Auf dem Gelände des heutigen Hertie-Kaufhauses wollte er 1951 die Thaulow-Müseumsruine wegräumen und durch ein neunstöckiges Amts- und Landgericht ersetzen. Gegenüber, auf dem heutigen Areal des Hotels Astor, stand die Landesbank bereits in den Bauplänen. 1952 entschied man sich für den Schützenwall als Gerichtsstandort. Ohne fehlendes Pendant sollte die Landesbank nun doch nicht am Holstenplatz ihre Geldgeschäfte verwalten. Neuer – endgültiger – Standort wurde 1953 die Stelle des Geburtshauses von Max Planck, einem der »großen Söhne« der Stadt. Hundert Jahre zuvor erblickte er in jenem Teil der Küterstraße das Licht der Kieler Welt.

Erneut grübelte Jensen über die zu schließende Nordlücke am Holstenplatz, bis man sich der »Kieler Woche 1954« näherte. Sämtliche Hotels meldeten »ausverkauft«, so daß der Fremdenverkehrsverein noch weitere tausend Übernachtungsmöglichkeiten im Umland besorgen mußte. Der Fall schien klar: Ein Hotelneubau sollte das Bettenmanko entschärfen und den Nordabschluß des (künftigen) Holstenplatzes bilden. Trotz anfänglicher Proteste des Konkurrenz befürchtenden Hotel- und Gaststättenverbandes eröffnete

Überragende politische Persönlichkeit der Wiederaufbauphase war Konrad Adenauer, der 1949 mit 73 Jahren ins Palais Schaumburg einzog und es 1963 mit 87 Jahren verließ. Anläßlich des Bundestagswahlkampfes 1957 besuchte er die prallgefüllte Ostseehalle. Hinter ihm Innenminister Dr. Lemke, rechts der damalige Ministerpräsident Kai-Uwe von Hassel

das Hotel Astor am 29. April 1960 und ließ sich das billigste Zimmer mit ganzen 10,– DM bezahlen.

Auf der östlichen Seite des Holstenplatzes bezog die Bundespost im Oktober 1958 ihr neues Kieler Hauptdomizil. Längst waren die primitiven Nissenhütten auf dem davorliegenden Gelände des heutigen Stresemannplatzes vergessen. Die letzte dieser Blechbehausungen verschwand im August 1953 auf dem Professor-Peters-Platz. Viele von ihnen gingen für 110,– DM als Lagerräume aufs Land.

Jensen wollte der City eine offene, ansprechende Note verleihen und wünschte sich einen Wechsel von breiten Straßen und begrünten Plätzen. Eine Übertragung bekannter Perspektiven wie z. B. dem Blick von La Concorde zur Place Vendôme oder Opéra waren dabei nicht beabsichtigt und für Kiel wohl auch nicht maßstabsgerecht gewesen. Gleichwohl konnte man vom Holstenplatz zum »Runden Platz« schauen, zum »Berliner Platz«, wie er seit dem 17. Juni 1955 in Erinnerung an den 1953 niedergeschlagenen Volksaufstand in Ost-Berlin heißt. Die Kieler begnügten sich mit ihrer Anteilnahme am Gesamt-Berliner-Schicksal nicht nur mit einer Umbenennung des Verkehrskreisels, sondern ließen durch Einladungen an Berliner Kinder und vielfache Freundschaftskontakte die ehemaligen Reichshauptstädter spüren, daß deren Hinterland nicht erst in Lauenburg anfing. Mehrmals standen Kieler Familien im Mittelpunkt der NWDR-Reihe »Ohne Interzonenpaß«, die 14täglich live in den Äther gestrahlt wurde. Als eine für das Zusammengehörigkeitsgefühl wichtige Sendung sollte sie Berliner und Norddeutsche Hörer gegenseitig mit Alltag und Sorgen vertraut machen. – Zurück zur noch verkehrsarmen Holstenstraße. Vereinzelt sah man dort den »Leukoplast-Bomber« (Lloyd), jenes Kunststoff-Metall-Sperrholz-Konglomerat, das 1950 für 2800,– DM zu haben war. Nicht nur der Preis, auch sein Verbrauch läßt einen etwas neidisch auf die Autokäufer der Nierentischchen-Generation schauen: Nur vier bis fünf Liter auf 100 Kilometer! Als Gegenleistung bot der wasserfeste Viersitzer eine Spitzengeschwindigkeit von 75 km/h. Dagegen hörte man mit stot-

△ *Rundblick vom Rathausturm auf den Kleinen Kiel mit dem Gebiet zwischen Sparkasse und heutiger Landesbank, der Steinwüste zwischen Rathausstraße und Schrevenpark sowie das zerstörte Exerzierplatzgebiet (alle Fotos: Anfang 1946)* ▽ ▽

Nur 64 Häuser weist der statistische Zerstörungsbericht für die Vorstadt als »unbeschädigt« auf. Das zerwalzte Gebiet der unteren Holstenstraße gibt daher (hier im Mai 1949) den Blick von Klahn's Hotel am Kleinen Kuhberg (1960 abgebrochen) bis zum Gebäude der Kieler Nachrichten und der Willestraße (rechts) frei. Hinter der Straßenbahn sind die Bauarbeiten für das »Howe-Haus« Ecke Schevenbrücke/ Holstenstraße erkennbar

terndem Tonfall den schon für 2390,– DM erschwingbaren Tempo-Boy. Mit einem weniger schwer zu meisternden Führerschein durfte man das Dreirad-Auto lenken. In den Umlandgemeinden zeigte es sich vielfach mit zwei Wasserhähnen an der Rückfront ausgerüstet. Seine Ladung, scheppernde Milchkannen und in Kartons verstaute Molkereiwaren, zeigte an, daß die Hähne kein Leitungswasser hergaben. Hier zapften Milchmänner »lose Milch« und (noch rahmige) Buttermilch. Ansonsten überwogen auf dem Straßenpflaster einfache Schubkarren, die die Händler des ambulanten Gewerbes vor sich herschoben. Von den Fahrbahn-Kuriositäten fiel der Blick häufig durch Bauzaunastlöcher in die Unterwelt der Holstenstraße: Wo »gebuddelt« wurde, zeigten sich regelrechte Seen als Sorgenkinder der Bauleute. Immerhin stützt sich Kiels morastige Innenstadt auf zwanzigtausend Pfähle und nicht auf Sand, auf dem man ja nach altem Sprichwort nicht bauen soll. Derart vorbehaltlos kann diese Volksweisheit auf Kiel keine Übertragung finden. Fundamentsgründungen wären hier nicht nur bequemer gewesen, sie hätten den Altvordern etliche hunderttausend Taler und den Gegenwartsbauherren viele Millionen Deutsche Mark erspart. Der – in Kiel begehrte – Sand versteckt sich allerdings in der gesamten Innenstadt fünf, zehn oder 20 Meter tief unter dichtem Schlamm oder Torf. Alle Häuser müssen sich daher wie steinzeitliche Pfahldörfer mit unsichtbaren, bis zu 20 Meter langen »Stelzen« auf dem tiefen sandigen Untergrund stützen. – Ende April 1950 gestatteten Bauzaunlücken bei Weipert einen Blick auf Bohrarbeiten. Auch hier kam man nicht an einer Pfahlgründung vorbei. Ein Wald von dreieckigen Bohrgerüsten wuchs

Ruinen, torsohaft erhaltene Straßenecken, ambulantes Gewerbe und ein dichter Reigen von primitiven Verkaufsbuden prägten zu Beginn der fünfziger Jahre das Gebiet zwischen Bahnhof und Markt. Das obere Bild gibt einen Eindruck von der bretternen Ladenstraße am Mühlenbach. Dem auf Höhe des heutigen Delikatessengeschäftes von Hohwü stehenden Fotografen bot sich (von links nach rechts) der vom Krieg angeschlagene Gebäudeblock der Kieler Nachrichten, die Willestraße und das heutige Haus der Commerzbank. Das freie Areal verschwand für den Aufbau der unteren Holstenstraße ab 1949. – Das untere Foto zeigt die unbebaute untere Holstenstraße etwa 1948 (links die Commerzbank im Anschnitt)

Eine dicke Morastschicht macht vor jedem innerstädtischen Bauvorhaben das Einrammen von fundamenttragenden Pfählen erforderlich. Oben: Blick auf die Rammarbeiten zum Kepa-Kaufhaus Ecke Hafen-/Holstenstraße 1952; unten: Baubeginn bei Photo Prien. Das Bild gestattet einen Ausblick auf die im April 1954 verschwundenen Verkaufsbuden auf dem Gebiet des heutigen Herrenausstatters Blohm, auf das KN-Gebäude sowie das Rathaus (Foto: September 1953)

Um die im Frühjahr 1954 zur ersten bundesdeutschen Fußgängerzone ausgebaute Holstenstraße verkehrsmäßig zu entlasten, ließ Andreas Gayk die 1954 nach ihm benannte »Neue Straße« und den »Runden Platz« (Berliner Platz) auf ehemals eng bebautem Gebiet anlegen. Im November 1950 erfolgten an Holstenbrücke/Berliner Platz die erforderlichen Gleisbauarbeiten

Vorbereitung zur östlichen Randbebauung des Rathausplatzes (1948)

empor, riesige Bohrrohre wurden antransportiert, Betongemisch in die Löcher gefüllt. Erst nach diesen Vorarbeiten, die etlichen anderen Städten erspart blieben, durften die Bauarbeiter ihre »eigentliche Arbeit« aufnehmen und ans Fundamentieren denken. Sein neues Domizil wählte Weipert, der 1936 die Firma Texta auf der gegenüberliegenden Seite übernahm, nicht auf seinem alten Standort. Er wechselte von der westlichen auf die östliche Straßenseite und machte dem Bau der »Brücke« Platz. Neben ihr schloß sich im September 1951 das Deutsche Familien-Kaufhaus (kurz: Defaka) an der Holstenbrücke an. Einen Monat später konnten Kiels Hausfrauen auf der gegenüberliegenden Seite bei Meislahn wieder edle Stoffe oder Aussteuer für ihre Töchter kaufen. »Maßhalten«, um mit den Worten Ludwig Erhards zu sprechen, hielten noch viele für ein Gebot der Stunde, aber gefüllte Schaufensterauslagen ließen ohne Mühe das Geld in der Tasche leichter werden. Besonders bei Sommer- oder Winterschlußverkäufen, die noch Ende der fünfziger Jahre bereits um 5.00 Uhr morgens (!) die ersten klappstuhlbewaffneten Kundinnen mit Einkaufstaschen auf den Plan riefen. Kiels Werbeleute gingen mit der Zeit. Nachdem die Sowjets im Oktober 1957 mit »Sputnik« den ersten Satelliten in den Weltraum schickten und Eisenhower stumpf kommentierte: »Das hätten wir schon eher gekonnt«, wollten viele Kieler öfter einen grellen Himmelspunkt als »Sputnik« erkannt haben. So wundert es keinen, wenn Winterschlußverkaufsanzeigen im Januar 1958 den Frage-Antwort-Slogan prägten: »Warum zum Mond? . . . zum Hartung-Winterschlußverkauf!«

Anhänger moderner Technik belagerten die Auslagen der Radio- und Schallplattengeschäfte. Dort standen ab April 1953 monströse Schränke mit kleinem, quadratischem Bildschirm. Begeisterte und enttäuschte Gesichter lösten sich mit entsprechend breit gefächerten Urteilen ab. »Phantastische Einrichtung«, anerkannten die einen, »Bloße Spielerei in den Kinderschuhen« mäkelten diejenigen, die nur bei gutem Wetter einmal ein klares, schneefreies Fernsehbild erwischten. Immerhin aber ein erhebendes Gefühl, ab und an die Größen der Welt in der Flimmerkiste zu sehen. Traubenweise verfolgten die Kieler im Juni 1953 die Krönung Elisabeths II. Man mochte denken, die Fördestädter zeigten Neid und wollten ihren alten Kaiser Wilhelm wiederhaben. Bis 1953 stand die Landeshauptstadt auf der Versorgungsliste des NWDR ganz unten an. Die meisten seiner Programmbeiträge gingen im undefinierbaren Gebrodel unter – wenn Kiels Sender ohnehin nicht schon wegen technischer Störungen abgeschaltet war. Manchmal mischte sich auch ein sowjetischer Sender dazwischen, da er auf der Frequenzskala unmittelbar neben Kiel lag. Nach allgemein zufriedenstellender Klärung des Radioproblems griff man das Sorgenthema Fernsehen auf. Kiel lag zu weit vom Hamburger Sender entfernt und benötigte dringend einen eigenen. Sein Nutzen schien allerdings in Frage gestellt. Experten hatten nämlich auf der Stockholmer Wellenkonferenz die für Deutschland bestimmten Kanäle verteilt, die Rechnung jedoch ohne den Wirt ausgeschrieben. Elf Kanäle standen zur Verfügung, wobei die Landeshauptstadt Kanal 11 erhalten sollte. Ihn behielt sich aber die Besatzungsmacht vor, so daß Kiel zunächst praktisch keine Fernsehwelle abbekam. Ab 30. März 1955, 16.12 Uhr, war der Kieler Empfang nicht mehr zu beklagen. Der Zauberkasten mit der Braunschen Röhre begann seinen Einzug in landeshauptstädtische Wohnzimmer, da der neue Fernsehsender im Vieburger Gehölz auch hartnäckigen Zweiflern glasklare Bilder bewies. Damals schickten die Sendeanstalten ihre Zuschauer relativ zeitig ins Bett. Ein mageres Programm mit maximal zwei Sendungen pro Abend sollte fürs erste genügen. Dennoch spürten die Kinokassen die billigere Konkurrenz. 1958 ließen die »Schölermanns«, Kulenkampff oder Robert Lembke zum erstenmal die Besucherzahlen dramatisch fallen.

Die Holstenstraße als reines Einkaufsparadies . . . ohne Auto- und Straßenbahnverkehr, eine Utopie der Stadtplaner? Die Anlieger sahen teilweise zähneknirschend Jensens fußgängerfreundlichen Planung entgegen und befürchteten Einbußen. Noch schien die Zeit für eine reine Fußgängerzone nicht reif zu sein, so daß man die wichtigste innerstädtische Verkehrsader auf Raten lahmlegte. Am Nikolaustag 1953 sollten die Kieler als erste Neuerung eine von der Holstenstraße in die Pfaffenstraße umgeleitete Straßenbahnlinie vorfinden. Wie immer, gab es bei solchen Vorhaben in letzter Minute Komplikationen. Wenige Tage vor der großen Neuerung klopfte ein Anwohner an die Tür der Falck-Wache. Die Beamten staunten nicht schlecht, als ihnen der Mann von einem in unmittelbarer Nähe der neuen Schienen vergrabenen Blindgänger erzählte. Verärgert über seine späte Meldung ließ Kiels Tiefbauamt die Munitionsräumgruppe des Innenministeriums nachprüfen, ob die 1943 niedergegangene Bombe noch immer unter der Ruine des östlichen Eckhauses »tickte«. Falscher Alarm. Einen Blindgänger gab es nicht mehr. Er mußte bei einem späteren Angriff auf Kiels Altstadt explodiert sein. In letzter Minute schütteten die Arbeiter wieder alles zu, so daß die neue Route am 6. Dezember, wie vorgesehen, ihre Jungfernfahrt erlebte. Die zweite Phase der Fußgängerzonenschöpfung verordnete den Anliegern 1954 eine Autosperrung. Schließlich beendete ein einheitlicher Plattenbelag im August 1955 die Schaffung der ersten bundesdeutschen Fußgängerzone . . . heute eine der langweiligsten. Ohne Begrünung, Sitze oder auflockernde Schaukästen. Man schob 1958 verschiedene Vitrinenmodelle als optischen Test hin und her, ließ die Plattenpromenade letztlich aber doch leer. Keine Möglichkeit bietet sich zum bequemen Genuß einer Tasse Kaffee unter freiem Himmel. Café Reimers, das in der »Kieler Woche 1958« seinen ersten Kaffee ausschenkte, bot gegenüber von Meislahn mit wettergeschützter Terrasse einen vorzüglichen Blick auf Holstenstraße und Berliner Platz. Selten blieb ein Stuhl frei. Beliebter, unverfehlbarer Treffpunkt, Zwischenstation beim Einkaufsbummel. Seit der traditionelle Gastronomiebetrieb Ende der sechziger Jahre schloß, schied er als Belebungselement in der Holstenstraße ersatzlos aus.

Um weder Fußgänger- noch (spärlichen) Autoverkehr zu behindern, ließ das Textilhaus Hartung am 14. Februar 1951 das für seinen Neubau erforderliche Baumaterial die Holstenstraße über eine sechs Meter hohe Brücke überqueren. Es lagerte hinter den Holzbuden Ecke Faulstraße/Holstenstraße

Der zerschossene Markt mit seiner West- und Nordfront 1946

Konditorei

151

Freiwillige Trümmerräumung in der Nikolaikirche (Juli 1949)

◁ *Trotz nahezu vollständiger Ausradierung durch den Bombenkrieg blieb der mittelalterliche Grundriß der Altstadt bis Dezember 1949 erhalten. Dann schloß der Neubau der 1642 gegründeten Hof-Apotheke die über 700 Jahre alte Verbindung der Haßstraße zum Markt. Der Blick fällt durch die Karstadt-Ruine auf jenen Neubau und das Nikolai-Kirchenportal*

◁ *Die nahezu gleiche Perspektive im März 1952*

Am Markt stand der Wiederaufbau St. Nikolais im städtebaulichen Brennpunkt. Kaum ein anderes Wiederaufbauprojekt sorgte innerhalb der Bevölkerung für derart konträre Standpunkte. Dabei ging es nicht um das »Ob«, sondern um das »Wie« der Neuerstehung.
Nach dem kräftigen Zupacken Kieler Trümmerfrauen und Freiwilliger zur Beseitigung der Schuttberge fand am 23. Juli 1950 zum letzten Mal vor Beginn der Wiederaufbauarbeiten ein Freilichtgottesdienst in der Ruine statt. Durch spärliches Grün, das sich hier nach dem Bombenregen einnistete, erlebte man schier die Stimmung eines wild-romantischen Steinbruchs. Stadtplaner und Heimatfreunde lieferten sich als Hauptkontrahenten im Kampf um die Neugeburt der Kirche eine kurze, erbitterte, wenn auch erfolglos gebliebene Pressefehde. Wenig später demonstrierten alle für den Aufbau Verantwortlichen Einigkeit in zwei Grundsätzen: Es sollte mit peinlicher Sorgfalt alles vom Krieg übrig gebliebene behütet bleiben, daneben der damals aktuellen Baugesinnung bei der Gestaltung Rechnung getragen werden. Leider hielten die Verfechter einer radikalen Neugestaltung die besseren Karten in der Hand, da es für die Denkmalschützer »mangels Masse« nur einen geringen Rest der nach Kriegsende verbliebenen Bausubstanz zu verteidigen gab. Noch nach dem letzten Freiluftgottesdienst mußten sehr wesentliche Teile des alten Mauerwerks abgebrochen werden, weil man sie aus bautechnischen Gründen als nicht mehr haltbar einstufte. Abgesehen vom Turm stand von der Nikolaikirche kaum ein Fünftel. Hätte man unter diesem Gesichtspunkt nicht etwa eine Rekonstruktion vertreten können? Eine Antwort auf diese Frage suchten viele bei Kunsthistoriker-Altmeister Dehio, der 1905 seine ablehnende Meinung zu diesem Thema so formulierte: »Sollen wir Denkmäler erhalten, an die wir selbst nicht glauben? Der Geist lebt nur in Verwandlung, in seine abgelegten Schlangenhäute läßt er sich niemals zurückzwingen . . .« In

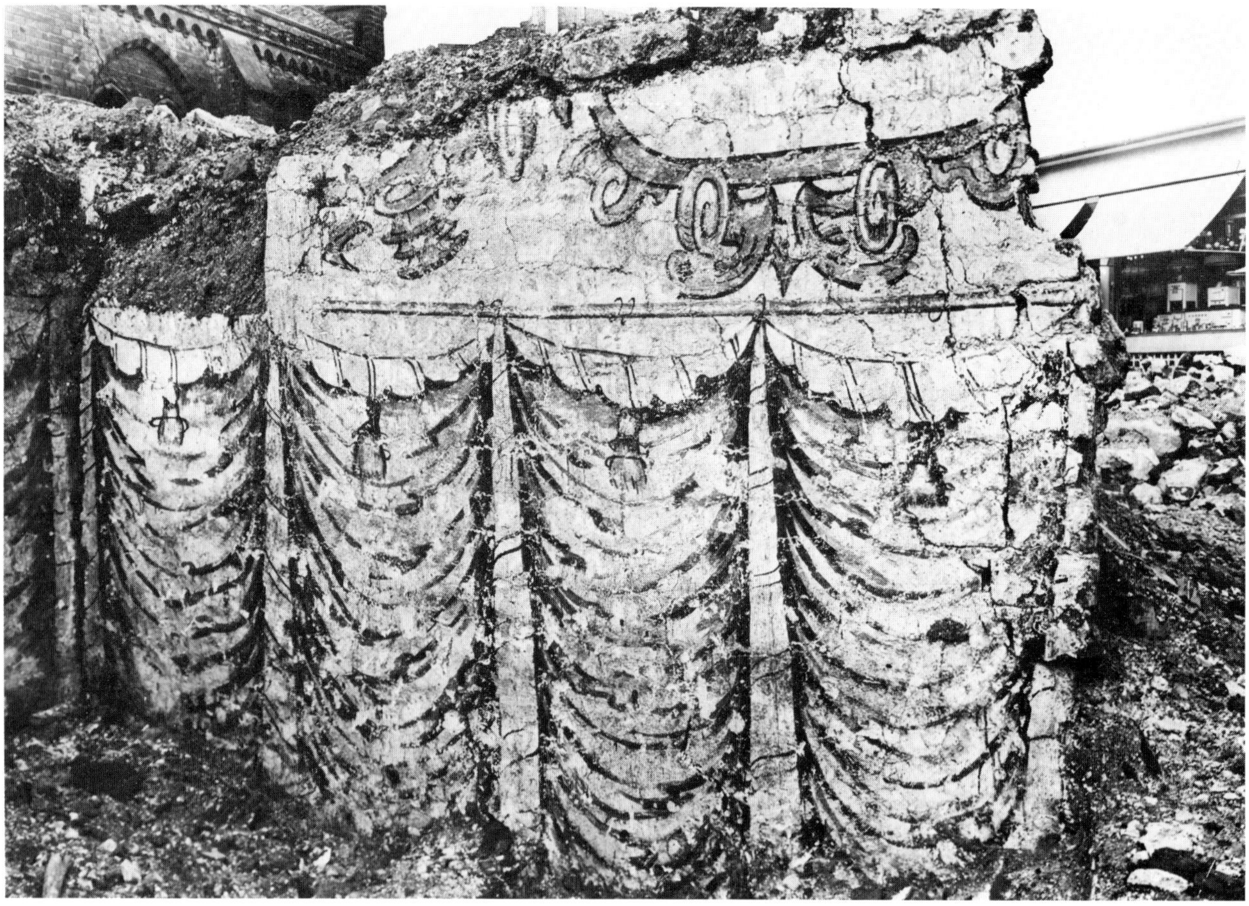

1666 bis 1674 fügte man St. Nikolai zehn Grabkammern an. Zwei davon befanden sich auf der Nordseite, deren vorhangartige barocke Bemalung während des Wiederaufbaues der Kirche freigelegt wurde

diesem Sinne kommentierte Landeskonservator Dr. Hirschfeld am 2. September 1950 den Wiederaufbaugedanken in den KN: »Wölben wir den Raum in peinlich genauer Nachahmung als Halle wieder ein, so erhalten wir einen neugotischen Kirchenraum, ähnlich etwa wie in der Kieler Pauluskirche. Kraft und Ehrfurcht kann aber ein Kirchenraum, wie ich glaube, nur ausstrahlen, wenn er auf Wahrheit und Aufrichtigkeit beruht, d. h., wenn er deutlich zeigt: Dies sind die schicksalsvollen alten Mauerteile von St. Nikolai; eine furchtbare Katastrophe, die wir nicht wegrestaurieren wollen und dürfen, zerstörte die Gewölbe . . .«
Der Wiederaufbau sah vor allem wegen der angespannten Finanzlage vier Bauabschnitte vor, wobei die Denkmalpfleger jeweils kräftig Federn lassen mußten. Schon im ersten Abschnitt entsprach der Verzicht auf die ehemaligen Gewölbe nicht ihren Vorstellungen. Alle drei eingereichten Gestaltungsentwürfe sahen schlanke Säulen und eine schlichte Flachdecke als Ausdruck der Nachkriegs-Baugesinnung vor. Die zweite Bauperiode, die das Turmmassiv wieder erstehen ließ, brachte wenig Brisanz und keine wesentlichen Veränderungen gegenüber dem ursprünglichen Aussehen. Neu kam ein kapellenartiger Raum in der südlichen Turmnische hinzu, der dem verlorengegangenen Pommern gewidmet sein sollte. Die dritte Bauphase setzte der Kirche ihren Turmhelm auf und die vierte ließ sie mit einem Spitzdach wieder komplett aussehen. Alles in allem ein gelungener Aufbau? Viele vermißten am neuen Turmhelm die einstigen Ecktürmchen, vor dem Krieg unverkennbares Attribut St. Nikolais. Sie verliehen ihr ein massives Bild. Jetzt betont nur noch ihr Standort am Alten Markt den Charakter einer städtischen Hauptkirche. Andere bedauerten sehr das Fehlen der Gewölbe und empfanden im Kircheninneren »die Gemütlichkeit einer Bahnhofshalle«. Allen Kritikerrufen zum Trotz erlebte Kiels Hauptpfarrkirche nach siebenjährigem Ruinendasein 1951 ihre Wiedererstehung in einem feierlichen Pfingstmontag-Gottesdienst. Noch ohne Turm und Spitzdach, aber für viele Kieler wieder »ihre« sonntägliche Andachtsstätte. Hunderte kamen, darunter etliche Neubürger. Schnell waren die Stühle besetzt und die Gänge verstopft, so daß viele die Kirchenfeier vor der Tür per Lautsprecher anhören mußten. Ähnlich der Ratssaalwiederaufbauinitiative griffen Kiels Bürger auch bei St. Nikolai noch einmal in die Taschen. Reeder Grammerstorf spendierte 1953 den Turmhelm, das Marine-Musikkorps Ostsee spielte beachtliche Erlöse ein und die Pommersche Landsmannschaft brachte durch eifri-

Letzter Freilichtgottesdienst vor Beginn des vierphasigen Bauprogramms (23. Juli 1950)

gen Postkartenverkauf das nötige Geld für den Einbau von Buntglasfenstern in der Pommernkapelle auf. Zunächst dachte noch niemand an den heute vor der Kirche stehenden Geistkämpfer. Erst in den Nachmittagsstunden des 26. Mai 1953 kam die berühmte Barlach-Plastik gut verpackt und auf einem Lkw verfrachtet in Kiel an. Ihr ehemaliger Standort am Klosterkirchhof warf Probleme auf, da der von Barlach selbst auserwählte Platz nicht mehr wie einst aussah. Seine Kulisse, die Heiligengeistkirche, stand nicht mehr. Einen ähnlichen architektonischen Hintergrund bot St. Nikolai, für die man sich letztlich entschied und die Plastik in der »Kieler Woche 1954« dort enthüllte. – Zum zweiten Mal in Kiel, mit wechselvollem Schicksal: gelobt, verjagt, erneut verehrt.

Nicht weit von der Nikolaikirche entfernt forderte Kiels gerade ins Leben gerufener Kultursenat im Frühjahr 1951 die Durchsetzung jener Vorkriegsidee, im und um das Schloß ein Kulturzentrum zu schaffen. Das Schloß, »ein unwirtlich' Gemäuer, öd und kalt«, wie Zar Peter der Große einmal abfällig bemerkte, lag als ruinöser Klotz an einer der schönsten Ecken Kiels. Anfang September rollten Bulldozer an seinen Südtrakt, der Ostflügel und sog. Rantzaubau miteinander verband. Der Abbruch begann. Kiel jagte sein Schloß in die Luft – ein Entschluß, der im deutschen Raum kaum auf seinesgleichen trifft, sieht man einmal von Braunschweig oder der Sprengung des Berliner Schlosses ab, das die Machthaber Ostberlins durch ihren Palast der Republik ersetzten. Erhalten sehen wollte man den weitgehend bewahrten Nordturm, um ihn – so die Anfangsplanung – zur Aussichtsplattform herzurichten. Schon im August 1961 schien dieses Vorhaben gefährdet. Das barocke Überbleibsel geriet wegen der angrenzenden Bauarbeiten um 45 cm aus dem Lot. Als unvermeidbare Rammarbeiten auf dem Schloßhof ausgeführt werden mußten, stützte man es vorsichtshalber ab und wollte sich später noch etwas anderes überlegen. Drei Monate danach sah die Zukunft des Turmes trostloser aus als die bröckelige Ruine selbst. Alle Versuche, beim Wiederaufbau wenigstens einen Rest des Sonnin-Schlosses zu retten, schienen sich zu zerschlagen. Vorsichtshalber wollte man »auf Nummer Sicher« gehen und führte Probebohrungen zur Ergründung der Fundamentsfestigkeit durch. Siebenmal lautete das ernüchternde Resultat »Fehlanzeige – kein Fundament«. Nur einmal stieß der Bohrer auf ein Stückchen festen Grund. Gleichwohl versuchte man zu retten, was zu retten war und schickte auf Druckfestigkeit zu untersuchende Probesteine in ein Labor. Das Ergebnis fiel für das 382 Jahre alt gewordene Bauwerk negativ aus: Seine Mauern erwiesen sich als vollkommen mürbe, so daß die Abrißwürfel fielen und den 13. Februar 1962 als letztes

Kirchenschiff und Chor entstanden im ersten Bauabschnitt neu (Februar 1951)

Wiedereinweihung St. Nikolais am Pfingstmontag (14. Mai 1951)

Auf dem Gelände des sich vor den ehemaligen Reichshallen ausbreitenden Straßenpflasters und der in Räumung befindlichen Landesbankruine liegt seit 1950 der Berliner Platz (1948) ▷

Wiederaufbau an Holstenbrücke und Wall (1951) ▷

Stündlein bestimmten. Fast 6 Kilo Sprengstoff, gut verstaut in ca. 70 Bohrlöchern, sollten den schiefen Turm von Kiel beseitigen. Um 14.50 Uhr des besagten Wintertages mußte die vorsichtshalber bereitgestellte Planierraupe nur müde an dem um den Turm gewickelten Stahlseil rucken, denn die detonierte Höllenmaschinerie ließ ihn schon von sich aus zusammensacken. Standen mit Fotoapparaten behängte Schaulustige zuvor noch in sicherer Entfernung, stürmten sie nach dem großen Feuerwerk das freigegebene Gebiet und klaubten sich Steine als Souvenir aus den staubigen Trümmerhaufen. – Kaum waren die Abbrucharbeiten des Schlosses in vollem Gange, überlegten Landtagsabgeordnete, wie man den künftigen Neubau nutzen könnte. Zwar sahen die längst vorliegenden Pläne vor, Landeshalle, Landesbibliothek, Lichtbildstelle und Denkmalsamt dort eine neue Bleibe zu bieten und sie aus ihren bisherigen Wiker Provisorien herauszuholen; gleichwohl gab es im Landeshaus einige Vertreter der CDU-Fraktion, die im Schloß lieber den Landtagssitz gesehen hätten. Die SPD zeigte sich zunächst nicht abgeneigt, während die BHE-Fraktion von vornherein nichts von einem Landtagsumzug wissen wollte. Wenige Tage später winkten die Sozialdemokraten dann doch ab. Zwar hielten sie, wie ihre Unionskollegen, einen Landtagsneubau für dringlich, wollten aber das für Kiel notwendige und lange Jahre projektierte Kulturzentrum endlich Realität werden lassen. So blieb es bei den alten Plänen. 1963 kamen

die Landtagsmitglieder auf eine neue Idee: Sie wollten ihr Plenumsgebäude auf dem Gelände der alten Universität entstehen lassen, ein Gedanke, der Anfang der fünfziger Jahre schon einmal durch Parlamentarierköpfe geisterte. Auch dieser Plan löste sich in Luft auf, weil die Stadt energisch gegen eine Zerstückelung des Schloßgartens als Bestandteil des innerstädtischen Grüngürtels stritt. Verlassen wir daher die Wunschträume der Landesmatadoren und steigen in die Historie des Kieler Schlosses hinab, denn im September 1960 begannen unter Leitung von Kirchenbaurat a. D. Heinrich Seebach umfangreiche Grabungen. Mit Hilfe tropfenweise verabreichter öffentlicher Finanzierungsspritzen und privater Spenden förderte er nach und nach Mauerreste ans Tageslicht, die auf Plänen gar nicht verzeichnet waren. An der Südostecke des Ostflügels, wenige Meter östlich des heutigen Schloßrestauranteingangs, stieß er beispielsweise auf das Fundament der aus den Kieler Gründungsjahren stammenden Stadtmauer. Ihr exakter Verlauf in der Schloßnähe war bis zu jenem Zeitpunkt noch nicht hundertprozentig geklärt. Zahlreiche Neugierige wanderten täglich zwischen den Ausgrabungslöchern herum, um zu sehen, welche unersetzlichen Zeugen Seebach aus der Zeit der städtischen Geburtsstunde ans Tageslicht holte. Da gaben z. B. Recherchen vor dem Terrain des heutigen weißen Querflügels Aufschluß über den Verlauf des 1315 urkundlich belegten, 4,80 m tiefen Burggrabens. Über ihn führte eine Zugbrücke, deren gewaltige Fundamente Seebachs Helfer freischaufelten. Sie sollten nach der Schloßfertigstellung in einer flachen Mulde Berücksichtigung bei der gärtnerischen Gestaltung finden. Der Bau einer Tiefgarage machte diesem Vorhaben einen Strich durch die Rechnung. – Mit ihrem Müll liefen die alten Burgbewohner anscheinend nicht sehr weit. Abfallgruben, wohl von 1250 bis 1800 benutzt, lagen zwischen ausgegrabener Stadtmauer und Burggraben. Wer heutzutage eine der Spezialitäten des Schloßrestaurants genießen möchte, muß sich vor dem Betreten des Eingangs also bewußtmachen, über die (ehemalige) Deponie der erlauchten Landesväter zu wandern. Nach Beendigung der Grabungen ging es mit den Abbrucharbeiten am Schloß weiter. Am 19. Juni 1961 konnte das Gelände derart hergerichtet werden, daß Kultusminister Edo Osterloh auf den Quadern des alten Schloßsockels den Grundstein für den Neubau legte. Man wünschte sich ein anspruchsvolles, geistiges Ziel als Ergebnis des 25-Millionen-Projektes, dessen Kosten sich Stadt, Land und NDR teilten. Parallel zum dreihundertsten Geburtstag der Universität konnte am 31. Mai 1965 Einzug gehalten werden. Eine Enttäuschung bot die – später korrigierte – Konzerthallenakustik. Richard Strauß' sinfonische Dichtung »Till Eulenspiegels lustige Streiche« als Auftakt und Beethovens »Siebente« als Abschluß verliehen der Schloßeinweihung zwar eine festliche Note, hinterließen aber der schlechten Tonwiedergabe wegen bei vielen Zuhörern den Eindruck eines mangelhaften Akustiktests. Immerhin schuf man für 1400 Zuhörer einen würdigen Rahmen. Seitdem kommen den Kielern zwischen den dominierenden Farben Rot, Weiß und Gold manche Tondichtungen zu Gehör, für die es zuvor an geeigneten Sälen fehlte.

Die Stadt trug sich schon in den frühen fünfziger Jahren mit dem Gedanken, im künftigen Kulturzentrum eine neue stadtgeschichtliche Sammlung als Ersatz für das weggegebene Thaulow-Museum aus der Taufe zu heben. Der Fingerzeig einiger Heimatfreunde fiel dabei auf das Haus Dänische Straße 43. Es stand nach dem Krieg als vereinsamtes Bindeglied zwischen den im Wiederaufbau befindlichen Straßen »Schloßgarten« und »Dänische Straße«. Als letztes Klassizismus-Beispiel glich es in einer von Bomben zerfetzten Umgebung neben dem wenige Schritte entfernten Warleberger Hof einer letzten »Bastion« Alt-Kieler Bürgerhauskultur. Landeskonservator Dr. Hirschfeld sah die Sache anders und wertete es als ein »wenig ausgeprägtes Biedermeier« (um 1830) ab. »Man soll Mittel und Kräfte auf etwas Vernünftiges konzentrieren . . . Der Warleberger Hof ist als Kieler Stadtmuseum bedeutend besser geeignet als das Wiesesche Haus.« Damit hatte der Chef-Denkmalschützer zweifellos recht, nur erfaßte er mit diesem Vorschlag lediglich das halbe Anliegen von Stadtgeschichtlern und Heimatfreunden. Sie wollten das Haus als solches primär erhalten wissen, nachdem Kiel städtebaulich zum kulturhistorischen Armenhaus abstieg. Die Idee der Einrichtung eines Stadtmuseums schien für sie nur Mittel zum (Erhaltungs-)Zweck. Wenig später schaltete sich Ex-Stadtbaurat Jensen ein und kabelte aus Braunschweig seine Stellungnahme nach Norden. Als Vertreter der Abbruch-Alternative forderte er unmißverständlich das Verschwinden des Hauses, um den innerstädtischen Grüngürtel nicht zu unterbrechen. Diese kulturhistorische Kurzsichtigkeit löste bei der Gesellschaft für Kieler Stadtgeschichte, beim Schleswig-Holsteinischen Heimatbund und dem Allgemeinen Kieler Kommunalverein hastige Aktivitäten aus. Im März 1963 legten sie einen detaillierten Renovierungsentwurf des Architekten Prinz vor. Er sah die Wiederherstellung der ursprünglichen Fassade, das Aufsetzen eines neuen Daches und den Abbruch aller stillosen Anbauten vor, die die verschiedensten Eigentümer im Laufe der Zeit anklebten. Doch dazu kam es nicht mehr. Wie Hohn klingt ein Auszug aus einer städtischen Pressemitteilung vom 30. September 1963, dem Tag, an dem die Abbrucharbeiten die Hoffnung der Stadtgeschichtler unter der Spitzhacke begruben: »Der Magistrat begrüßt das Interesse der Bürgerschaft an der Erhaltung und Pflege alten Kulturgutes. Er sieht darin eine Unterstützung der seit 1945 von ihm gezeigten Bemühungen, kulturelle und stadtgeschichtliche Werte zu wahren. Er erblickt außerdem darin ein erfreuliches Zeichen, daß auch der von ihm verfolgte Plan eines stadtgeschichtlichen Museums Zustimmung und Förderung in der Öffentlichkeit finden wird. Deshalb fördert der Magistrat Untersuchungen, ob innerhalb des Stadtraumes, der für das Kulturzentrum vorgesehen ist, ein kulturhistorisch wertvolles Kieler Bürgerhaus nach alten Plänen wieder errichtet werden kann . . .« Diese Worte trafen nicht den Kern des Erhaltungsproblems, sondern belegten das pikante Thema mit

einem Etikettenschwindel. Vielmehr formulierte die Stadt mit bestechendem Stil, daß sie auf den Klassizismus-Bau schlichtweg keinen Wert legte. Schon längst hatten nämlich die Stadtoberen ihr Augenmerk auf den Warleberger Hof gerichtet. Außer seiner Renovierung blieb bis heute keine nennenswerte Bürgerhausarchitektur bewahrt. Die Stadt ließ mit »Dänische Straße 43« die letzte Chance dafür dahingehen. Zweifellos schien die Zeit für eine konsequente Denkmalpflege noch nicht gekommen. Betroffen registriert man die vom Hamburger Denkmalpfleger Professor Dr. Grundmann 1959 auf einer Denkmalpflegertagung in Knoop mitgeteilte Bevölkerungseinstellung: Er sei schon häufig scherzhaft gefragt worden, ob er ständig mit einem Staubwedel zur »Pflege der ihm anvertrauten Denkmäler herumliefe«.

Der den barocken Rantzau-Bau (Standpunkt des Fotografen) und den Ostflügel verbindende Schloßmitteltrakt wurde im März 1959 niedergelegt. Erhalten sehen wollten die Planer den Nordturm. Das Vorhaben ließ sich wegen Fundamentsmängeln nicht halten und führte am 13. Februar 1962 zur Sprengung

◁ *Die ruinöse, 1887 von Geyer gebaute »Neue Galerie« vom Schloßhof aus gesehen*

Ausschachtung zum Bau der Schloß-Tiefgarage (Dezember 1964)

Am 31. Dezember 1959 würdigte der Allgemeine Kieler Kommunalverein die Wiederaufbauverdienste der Werftarbeiter mit der Übergabe eines bronzenen Schiffsschweißer-Denkmals an Oberbürgermeister Dr. Müthling (Bildhauer: Walter Rößler)

◁ *Durchblick vom zerbombten Rittersaal zum Rantzau-Bau*

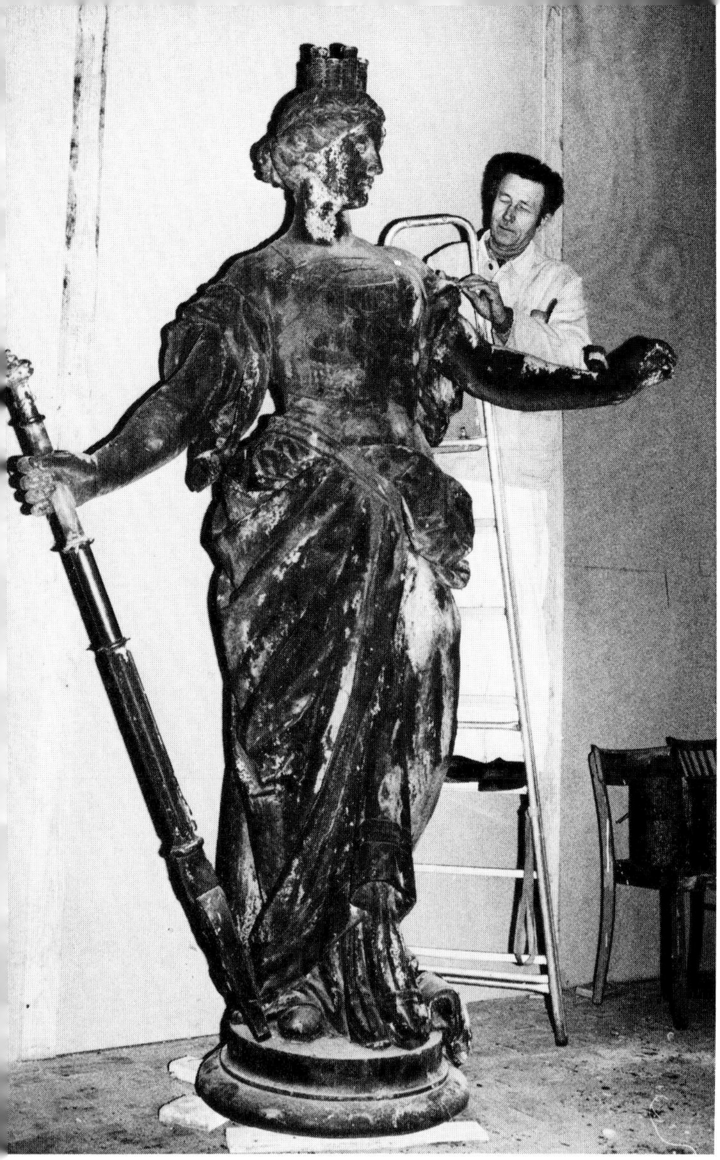

Nach fast fünfzigjährigem Exil auf Gut Hemmelmark (bei Eckernförde kehrte die 1918 von Prinz Heinrich abtransportierte Lürssen-Plastik nach reichlicher Restaurierung in ihre Heimatstadt zurück. Ursprünglich als Krönungsfigur des Schloßbrunnens gegossen, weist sie seit 1977 den von Norden her Kommenden in die zur Fußgängerzone ausgestaltete Dänische Straße

Der Warleberger Hof bot als einziges erhaltenes Alt-Kieler Bürgerhaus Ersatz der verlorenen städtischen Museen. Nach umfangreichen Renovierungen und Verpflanzung einer in 20 Teile zerlegten Rokoko-Stuckdecke aus Kiels ehemaligem Thaulow-Museum, konnte er im Sommer 1970 mit der »Italienischen Woche« dem Publikum zugänglich gemacht werden ▷

Am 28. Dezember 1955 verschwand der Rest des 1621 gebauten Buchwaldtschen Hofes. Nach 1945 trug man die Ruine bis auf den Keller ab und zerschlug zehn Jahre später dessen Tonnengewölbe, um Baugelände für das Landeskirchenamt zu gewinnen. Lediglich sein barockes Sandsteinportal hatte man retten und im hinter dem Rathaus liegenden Bunker unterbringen können. Dort verschwand es nach Mitteilung von Kiels ehemaliger Archivdirektorin Dr. Hedwig Sievert Anfang der fünfziger Jahre aus unerklärlichen Gründen spurlos. Nur ein einfacher Gedenkstein erinnert noch an die Existenz des über 300 Jahre alt gewordenen Adelshauses, wo im Januar 1814 das Napoleon-freundliche Dänemark im »Kieler Frieden« Norwegen abtreten mußte ▷

Noch bevor es zu einem Stadtmuseum kam, erhielt Kiel seine komplette Kunsthalle zurück. Mit ihrem Wiederaufbau war der 1939 nach Kiel berufene Kunsthistoriker Sedlmaier betraut. Der gebürtige Würzburger, den es ursprünglich zum Broterwerb lieber in ein Architektenbüro gezogen hätte, schaffte es, alle im Kriege vorsorglich ausgelagerten Bilder wieder an die Förde zu holen. Ein keineswegs einfaches Unternehmen. Im März 1956 rollten Kiels Kunstschätze aus ihrem Wiener Exil über vereiste Straßen nach Norden. 23 wertvolle Gemälde, 90 Handzeichnungen, 27 graphische Blätter kehrten aus der Donau-Metropole in ihr altes Heim am Düsternbrooker Weg zurück. Professor Sedlmaier hatte sie 1942 schweren Herzens auf die Reise geschickt. Feuerbach, Moritz von Schwindt oder Dürer-Grafiken fuhren einer ungewissen Zukunft entgegen. – Zunächst war Schloß Belvedere ihr erster Haltepunkt. Als auch Wien angegriffen wurde, transportierte man sie in niederösterreichische Schlösser. Nach der Kapitulation fielen sie den Sowjets in die Hände – aber statt nach Siegerart nach Moskau verschleppt zu werden, fanden sie sich erneut vereint an den hohen Wänden des Belvedere wieder. Vierzehn Jahre sollten vergehen, ehe Sedlmaier sie auf Kieler Boden wiedersah. Seine Freude kannte natürlich keine Grenzen, als Arbeitsmänner die schweren Kisten in die noch nicht vollständig wiederaufgerichtete Kunsthalle schleppten. Sie wurde noch größer, als die Angestellten die ersten Gemälde aus der dicken Verpackung herauszogen und auswickelten. Jürgen Oven's »Königin Christine« (1660) atmete als erste wieder Kieler Luft. Unversehrt, wie aus dem Ei gepellt. Die Österreicher hatten alle Kunstwerke wie ihre eigenen gepflegt und zum Teil sogar vorzüglich restauriert. Seit 1947 unterrichteten sie den Kunsthallenchef ständig über ihren Zustand. Eine Rückgabe war den Alpenrepublikanern erst möglich, als die Alliierten ihnen 1955 einen Staatsvertrag gaben. Ohne Verzug leitete die Wiener Regierung die Rückgabe ein, die Anfang Februar 1956 in Anwesenheit des deutschen Botschafters Müller-Graef vollzogen wurde.

Panorama von der Dänischen Straße bis zur »Brunswik« mit dem klassizistischen Haus Dänische Straße 43, das am 30. September 1963 zugunsten des Grüngürtelausbaues wich

In einer kurzen Feierstunde machten Kunsthallendirektor Prof. Dr. Sedlmeier (links) und Kultusminister Edo Osterloh (2. von links) die nach kriegsbedingter Auslagerung aus Wien zurückgekehrten Kunstwerke der Öffentlichkeit zugänglich (14. März 1956) ▷

Beim Betrachten der Kulturpalette darf das an der Peripherie gelegene Freilichtmuseum nicht unterschlagen werden. Die Idee zu seiner Einrichtung wurde schon 1953 geboren, eine erste Magistratsentschließung folgte im Dezember 1956. Anfangs schien es noch nicht klar, ob Kiel Heimat für die vertriebene Landeskultur werden sollte. Als harte Konkurrenz spielte die Schleistadt Schleswig im Kampf um den Standort mit, wie Jahre zuvor beim Streit um den Sitz von Landesregierung, Landesuniversität, Vorgeschichts- und Landesmuseum. Bislang stand der Kulturkampf zwei zu zwei. Mit dem Freilichtmuseum konnte Kiel einen weiteren Punkt für sich verbuchen. Gegen Schleswig sprach die vorhandene Häufung musealer Werte. Haithabu und Danewerk, Dom und Holm, Gottorf und seine Sammlungen boten bereits derart viele Anziehungspunkte, daß es an der Schlei eventuell eine schädigende Unterbetonung des neuen Museumsprojektes bedeutet hätte. Die Museumsinitiatoren favorisierten darauf die Fördestadt und bekamen von ihr zunächst das Vieburger Gehölz angeboten. Wenig später faßte man das zwischen den Bundesstraßen 4 und 404 verkehrstechnisch günstig gelegene Dreieck bei Molfsee als Standort ins Auge. Gegenüber dem Vieburger Gehölz,

Letzte Vorbereitungen vor der in der Kieler Woche 1965 erfolgten Freilichtmuseums-Eröffnung unter »Aufsicht« des Initiators Prof. Dr. Kamphausen

Aufbau des alten Fachwerk-Pfarrhauses von Grube (1569)

einem reinen Waldgebiet, bot dieses Areal an der Eider in idealer Weise die gesamte Vielfalt schleswig-holsteinischer Bodenformen. Verstimmung gab es Anfang 1961 vorübergehend mit Molfsee. Obwohl die bei den Planungen kaum beteiligte südliche Anrainergemeinde dem städtischen Vorhaben positiv gegenüberstand, veröffentlichte sie eine erboste Resolution, in der sie Kiels planerischen Alleingang auf stadtfremdem Gebiet torpedierte. Der Zwist geriet bald in Vergessenheit; viele Hausveteranen konnten ihr zweites Richtfest erleben. Zur »Kieler Woche 1965« öffnete das Museum zum ersten Mal seine Pforten. Noch suchte Initiator Prof. Dr. Kamphausen händeringend landeskundliche Exponate. »Wir müssen überall betteln«, klagte der rührige Museumsschöpfer. Bei der Eröffnungsfeier ließ man Ministerpräsident Dr. Lembke nicht das übliche weiße Band zerschneiden, um die Freigabe zu dokumentieren. Kamphausen dachte sich etwas Besseres aus und bat den Kabinettschef, die 1766 gebaute Bockmühle erneut in Schwung zu bringen. Danach ging es in die Rethdachscheune aus Osterbelmhusen, in der Begrüßung, Lobeshymnen und Ansprachen auf die eintausend Zuhörer regneten. Unter den Festreden zeigten sich die Worte Dr. Bengt Bengtsons vom Freilichtmuseum Lund nicht nur als bloße Laudatio. Der Schwede mahnte grundsätzlich vor folkloristischen Experimenten und sah bei der Einrichtung von Museumsdörfern einen Mittelweg zwischen »übertriebener Sachlichkeit und Disney-Romantik« als Optimallösung an. Kamphausen mußte den Rat des nordischen Kollegen jedoch nicht auf sich beziehen, da er eine geglückte Synthese von lebendigem Museum, Touristenziel und wissenschaftlichem Forschungsfeld schuf.

Obwohl Vergleiche mit Berlin, München oder dem »großen Bruder« Hamburg nicht angestellt werden dürfen, weist Kiel neben seinem Ausstellungsangebot eine beachtliche Zahl schaffender Künstler auf. Unter der jüngeren Generation ragt der international viel beachtete Peter Nagel hervor. Der gebürtige Kieler gründete 1965 mit den Hamburgern Dieter Asmus und Dietmar Ulrich sowie dem Flensburger Klaus Störtenbecker das erste deutsche Realismus-Maler-Quartett, die »Gruppe Zebra«. Die Fördestadt ehrte ihn, der Kreisel, Kinder und Luftballons zu seinen Lieblingsthemen zählt 1977 mit dem städtischen Kulturpreis. Nach Emil Nolde (1952) und Peter Nagel dachten Kiels Ratsherren 1978 zum dritten Male daran, einem Maler die höchste städtische Kulturehrung zuteil werden zu lassen. Bevor sie der 1896 (an der Spree) geborene Elmschenhagener Heinrich Basedow entgegennehmen konnte, gab es einen ähnlichen Eklat wie 1957. Die Ratsversammlung wählte seinerzeit Gustaf Gründgens gegen die Stimmen der SPD zum Kulturpreisträger. Wenig später fand er einen Brief der Sozialdemokraten im Briefkasten, der ihn wissen ließ, daß es bei der Entscheidung an Einstimmigkeit mangelte und er nur eine Art Lückenbüßer darstellte. Der Schauspieler reagierte verständlicherweise beleidigt und sagte ein angekündigtes Faust-Schauspiel im gerade fünfzig Jahre alt gewordenen Kieler Theater ab. Die folgende Ratsversammlung, in der sich die SPD weigerte, über den genauen Briefinhalt den Gerüchteschleier zu lüften, erfüllte eine brodelnde Vulkanstimmung. – Auch bei Basedow stocherten Gegner in seiner Vergangenheit herum und entdeckten plötzlich dessen Zugehörigkeit »zur Partei«. Obwohl sich der 82jährige Basedow nicht das Geringste vorzuwerfen hatte, verzichtete er von sich aus auf den Kulturpreis.

Für Kiels »schaffende« Theaterkunst gab Joachim Klaiber über ein Jahrzehnt lang als Generalintendant richtungweisende Impulse. Als er 1963 in Kiel antrat, sagte er verstaubten Konventionen den Kampf an. Bislang blieben nicht alltägliche Kulturversuche oder gewagte Schritte zum Gegenwartsschaffen vielfach in Hamburg »hängen« und schafften den 100-Kilometer-Sprung an die Förde nicht mehr. Unter Klaiber erschienen Namen in den Programmen, die Kiels musikalisches Profil stärkten und seinen Ruf erhöhten. Während das Ensemble Veränderungen bereitwillig akzeptierte und qualitätvoll in die Praxis umsetzte, sah sich ein Theaterkritiker im Sommer 1966 in der Fachzeitschrift »Melos« zur Überschrift hingerissen: »Kieler Opernbesucher bremsen ihren Intendanten.« Die »Bremse« lag darin, daß für viele Theatergänger das Moderne nicht das Rechte war. Klaiber glättete daraufhin für die musenfremden Kieler seinen Spielplan, gestaltete ihn verbindlicher,

Walscheune von Gut Seekamp im Aufbau (September 1979)

1000 Einweihungsgäste nahmen am 19. Juni 1965 um 11.00 Uhr in der Rethdachscheune aus Osterbelmhusen (1782) Platz, als das erste Freilichtmuseum auf norddeutschem Boden seine Pforten öffnete

Nachdem Ministerpräsident Dr. Lemke (3. von rechts) als Zeichen der Eröffnung die Flügel der Bockmühle in Bewegung setzte, holperte eine Kutsche mit Ehrengästen über das Museumsland

Obwohl sich vorwiegend Naturmotiven bedienend, zählt Heinrich Basedow zum Vertreter der »Neuen Sachlichkeit«

Peter Nagel, Hauptvertreter des figurativen Realismus, bei der Schöpfung seines Deckengemäldes im Mettenhofer Bildungszentrum (1978)

hielt jedoch an seinen Neuerungsideen fest. Hören wir den Schöpfer der musikalischen Studio-Bühne in der gleichen Melos-Ausgabe: ». . . um ein breiteres, im Konservativen beharrendes Normalpublikum in einer musisch nicht von vornherein aufgeschlossenen Stadt von Wert und Schönheit der musikalischen Sprache unserer Tage überzeugen zu wollen, bedarf es eines beträchtlichen Durchstehvermögens und einiger Zivilcourage. Am Rande der deutschen Theaterlandschaft wird solche mühsame Pionierarbeit ohnedies selten genug von der überlokalen und Fachpresse gebührend zur Kenntnis genommen.« Pionierarbeit, der es vielfach an Geld mangelte. Die auch in den sechziger Jahren nicht verstummte Diskussion um eine Schließung der Bühnen oder eine Einschränkung ihrer Arbeit führte im Oktober 1966 zur Gründung der »Gesellschaft der Freunde des Theaters in Kiel«. Durch sie – so scheint es – kann das Theater in seinem Bestand erheblich unterstützt und vor dem Aussterben gerettet werden.
Zurück in die Altstadt. Gegenüber dem innerstädtischen Kulturzentrum suchte Kiels Wirtschaftsamt mit dem »Schloßgarten-Kai«, wie der heutige Oslo-Kai ursprünglich heißen sollte, Anschluß an den modernen Tourismus. Vorsichtshalber projektierten die Kieler einfach und bescheiden. Nur Kaianlagen und ein kleiner Abfertigungs-Pavillon sollten fürs Erste zur Verfügung stehen, um gar nicht erst eine Talfahrt in die roten Zahlen zu erleben. Ganz so vorsichtig formulierte es Direktor Sven Winge Simonsen von der Reederei Anders-Jahre nicht, als er selbstsicher die

Will durch Ausstellung alltäglicher Gegenstände Bewußtseinsmachung erreichen: Raffael Rainsberg in seinem »Museum Sophienblatt 22/24«

Schauspieler, Charmeur »alter Schule« und »Kieler Jung« aus der Harmsstraße: Hans Söhnker (1974)

Generalintendant Dr. Joachim Klaiber gab 13 Jahre lang der Kieler Theaterlandschaft lebensnotwendige Impulse (1963 bis 1976)

Zukunft prognostizierte: »Es wird eine der schönsten Fähranlegestellen der Welt.« Abgesehen davon, daß der clevere Geschäftsmann durchaus Recht behielt, bedeutete es für Stadt und Jahre-Reederei ein wirtschaftliches Va-banque-Spiel. Beide betraten mit dem Einzug der Schiffe in die Altstadt touristisches Neuland. Simonsens Unternehmergeist belohnte die Stadt mit der Oslo-Kai-Anlage. Nach Neveling-Plänen entstand auf dem nach 1945 aufgeschütteten Gebiet, das einem desolaten Steinstrand glich, ein aufgelockertes Areal mit Grünflächen, Abfertigungshalle, Zollsperren, Parkplätzen, Fahrkartenschalter und Büros für die Reedereiabteilungen. Die Vorväter machten bei allen Hafenarbeiten wohlweislich einen großen Bogen um diese Uferstelle, da ihr Baugrund erst in 15 bis 20 Meter Tiefe tragfähig wird. Einhunderttausend Kubikmeter wabbeliger Schlick mußten deshalb herausgebaggert werden. Statt seiner glitten einhundertfünfzigtausend Kubikmeter Sand ins Uferwasser. Das »Mehr« an Auffüllmasse sollte die Möglichkeit eines späteren Ausbaues offen lassen. Ab 24. April 1961 baute die Ostsee keine natürliche Barriere mehr, sondern wurde Mittel zur Begegnung, Kiel dabei zur Grenzstadt. Flaggen, Musik, Blumen, Redner, Zaungäste. Das übliche Bild einer Einweihungsfeier; gleichwohl unterschied es sich darin, daß alles gut funktionierte und paßte, als wäre es dutzendmal geübt worden. Gangways schoben sich in den Schiffsrumpf der jungen Kronprins Harald, die erste Verladung der Exportwagen klappte, die Zahl der Passagieranmeldungen kletterte, man konnte zufrieden sein. Der Erfolg brachte die Kai-Planer erst richtig in Stimmung. So ließen sie es Anfang 1962 beschlossene Sache sein, sich die (Hafenufer-)Erde untertan zu machen. Der Länge nach sollte ein direkter Bahngleisanschluß vom Oslo-Kai zum Bahnhof durchlaufen. Problematisch war, daß der »Liegende Holländer«, die bronzene Seglerplastik Karl-Heinz Goedtkes, schon im Atelier stand und auf Fördeluft hoffte. Man bat den Bildhauer mit dem Aufstellen seiner Metall-Kreation um zeitliche Nachsicht und einige Witzbolde meinten, daß sich an Stelle einer Plastik ein rot-weiß gemustertes Abfahrtsignal besser machen würde. Letztlich mußte der am Schiff wartende Autoreisezug als Nonplusultra des Reisekomforts doch hinter der Freifigur zurückstehen. Der Seegarten, den die Gleise sonst zerschnitten hätten, konnte seinen Reiz als freien Platz behalten. Auch ohne Bahnanschluß mehrte sich das Fährangebot. Die Befriedigung über den Erfolg des jungen Fähranlegers schien nicht nur auf Seiten der Initiatoren, sondern auch bei noch unbeteiligten Interessenten vorzuliegen. Kaum war die Kiel-Oslo-Linie geboren, zogen skandinavische Reeder fertige Pläne neuer Linien aus ihren Schreibtischen. Im Juni 1961 legte erstmals die Kopenhagener »Orange Moon« an, bis sie an den Bahnhofskai verlegt wurde, um die Kieler von dort aus als »Tom Kyle« zum »Tanz auf See«, zu Rosenmontags- oder Kieler-Woche-Bällen hinauszuschippern. Von September 1963 bis 1967 kam die Linie Kiel–Nakskov hinzu, im April 1964 Faaborg–Kiel, im April 1965 die Bagenkop-Fähre und am 10. Juni 1964 ein weiterer Aufguß der Kiel-

Korsör-Route, – diesmal als beliebtes, schwimmendes Kaufhaus, denn, so ließen die angereisten Touristenhundertschaften in Abwandlung eines geflügelten Wortes vermuten: »Butterfahrt tut Not.« Der Oslo-Kai platzte bald aus allen Nähten und machte Aufstockungen sowie Erweiterungsbauten notwendig.
Federn lassen mußten die zum Oslo-Kai führenden Straßen. Der Prinzengarten erfuhr eine wesentliche Verbreiterung, der Strandweg (zwischen Düsternbrooker Weg und Wall) erhielt eine vierspurige Fahrbahn. Auf der landesinneren Seite wuchsen Dänische Straße und Schloßgarten. Viele Kieler machten in den Tageszeitungen ihrem Ärger durch – erfolglose – Leserbriefe Luft, als sie mit ansehen mußten, wie Bulldozer den Westteil des Schloßgartens planierten und damit eine der schönsten Kieler Parkanlagen zu einer Riesenrabatte degradierten. Auch an Kaiser Wilhelm machte man nicht halt und rückte den greisen Monarchen auf seinem bröckeligen Sockel in Richtung Wasserseite. Anfang 1961 stießen Arbeiter bei den gerade begonnenen Tiefbauarbeiten auf eine für sie ekelige Entdeckung. Freigeschaufelte menschliche Skelette ließen sie zum Telefon laufen und nach der Kripo rufen. Die Polizisten kamen, sahen und beruhigten. Es handelte sich um jahrhundertealte Leichenteile, nicht etwa um knöcherne Reste irgendwelcher Gegenwartsopfer. Säuberlich neben- und übereinander lagen sie in der Grube im Schloßgarten. Schnell wurde der Zufallsfund der Arbeiter zum sorgfältigen Ausgrabungsobjekt der Anthropologen. Ihre Spaten stießen schon in 30, meist aber in 60 Zentimeter Tiefe auf den 1250 bis 1350 benutzten Kieler Pestfriedhof, dessen genaue Lage bislang unbekannt war. Wie überall, wo man auf Zeugen des grauen Mittelalters trifft, machten Schauergeschichten und Vermutungen auch hier die Runde. So wurde, als man mehrere etwa gleich große Skeletteile fand, die traurige Geschichte um einen im Oktober 1683 gevierteilten dänischen Soldaten wieder wach. Mehrere Rekruten, so die Überlieferung, widersetzten sich derart ihrem Leutnant, daß einer sogar auf seinen Vorgesetzten schoß, dabei aber einen Kameraden tödlich traf. Sechs Monate lang hingen zwei »Viertel« des Mörders zur Abschreckung vor dem Holstentor, während die beiden anderen Teile auf hohen Pfählen vor dem Dänischen Tor steckten.
Der Schloßgarten mußte in der Nachkriegszeit mehrfach sein Gesicht ändern. Als Hauptblickwinkel zog die den Zeichenstiften Gropius' und Schmiedens entstammende alte Universitätsfassade in seinem nördlichen Teil bis Oktober 1954 die Blicke auf sich. Einsturzgefahr und darauf folgende Sprengung ließen sie der Vergangenheit angehören. Längst schon forschte die neue Christiana Albertina unter Einbüßung ihrer innerstädtischen Prägnanz auf einem nordwestlichen Campus an der Olshausenstraße und konnte dort 1965 ihren 300. Geburtstag feiern. Zum ersten Mal ohne den bitteren Beigeschmack zu geringer Studentenzahlen oder kriegerischer Ereignisse, eher mit derart vielen Studiosi, daß der Ruf nach dem – Ende der siebziger Jahre verteufelten – Numerus clausus laut wurde. Der große Festakt begann am 31. Mai 1965 in St. Nikolai, in der 300 Jahre zuvor die feierliche Inauguration der Jubilarin stattfand. In purpurrotem Ornat führte Rektor Prof. Dr. Bargmann, begleitet vom Prorektor und Schleswig-Holsteins Kultusminister von Heydebreck, den langen Zug der in- und ausländischen Rektoren, Dekane und Professoren im Schmuck ihrer farbenprächtigen Roben in die Stadtkirche. Violett die Theologen, purpurrot die Juristen, grün die Mediziner, lichtblau die Philosophen, gelb die Naturwissenschaftler und grau die Landwirte. Tausende von Kielern, Fuß an Fuß, säumten Holstenstraße und Alten Markt, um den nicht alltäglichen Umzug mitzuerleben. Außerdem fuhr allerhand Prominenz vor: Bundespräsident Lübke mit Frau und Ministerpräsident Dr. Lemke waren die bekanntesten Vertreter der politischen Szene. Gäste von rund 150 Hochschulen aus 35 Ländern aller Kontinente kamen. Die wissenschaftliche Welt war in Kiel vereint. Der innerstädtische Puls – eingeschlossen die KVAG – stand für einen Augenblick still. Als sich ein Straßenbahnfahrer mit seiner »2« vorsichtig aus der Dänischen Straße auf den Markt vorzutasten wagte, drohten ihm manche der dort Versammelten mit der Faust. »Den stürz'n mir um!« posaunte ein Gasthörer aus Bayern. Augenblicklich zog der Fahrer seine Bahn aus dem Gewühl und nahm gegenüber der 300-Jahres-Demonstration lieber eine dreiminütige Verspätung in Kauf.
Obwohl noch Großbaustelle, fühlte sich die Universität schon vor ihrem 300. Wiegenfest längst nicht mehr so beengt wie in der Nachkriegszeit. Im Juristenhaus forschten die Rechtsvertreter schon seit 1962 und die Landwirtschaftler bekamen kurz vor dem Jubiläum vom Polier den Wunsch mit auf den Weg: »Züchtet doch mal eine Bier-Kuh!« Die Provisorien erlangten nach und nach Seltenheitswert. Vordringlich mußte eine neue Universitäts-Bibliothek her. Wer sich eine genauere Vorstellung vom gebundenen und gedruckten Wissen machen wollte, hätte die Bücher schon damals zu einem rund zehn Kilometer langen Bücherwurm aneinanderreihen können. Jährlich erwartete man im Schnitt einen Zuwachs von 300 neuen Metern. Die UB am Schloßgarten platzte förmlich aus allen Nähten und geriet an den Rand der Unbrauchbarkeit. Manche Regalreihen bogen sich unter doppelter Last, daneben türmten die Bibliotheks-Angestellten unzählige »obdachlose« Bücher nur provisorisch aufeinander. Die Mediziner plädierten für den Schloßgarten als UB-Standort, die »ausquartierten« übrigen Fakultäten interessengemäß für den Norden. Ab Wintersemester 1966/67 waren die Würfel gefallen. Die medizinische Abteilung blieb, wo sie war, und die gerade neu eröffnete UB beherbergte am Westring die restlichen Bestände. Schon im März 1966 brach man die vor dem Neubau stehende Baracke »B II« ab, ehe sie selbst zusammenfiel. Zwanzig Jahre lang war sie Mittelpunkt fast aller studentischer Aktivitäten, die über das bloße Studium hinausgingen, eine Art Kulturzentrum der Studentenschaft. Dort arbeitete die Studentenbühne, so daß sich der schmutzig-graue Holzbau in den ersten Nachkriegssemestern als Sitz der »Bü-Pu« (Bühne/Publizistik) einen Ruf schuf. Hier werkte die Film- und

Funk-AG, füllten sich Studentenzeitungen mit Inhalt, wurden soziale Hilfsmaßnahmen eingeleitet, ein System verbilligter Einkaufsmöglichkeiten für Studenten erhandelt, Studentenreisen vermittelt oder Fackelzüge für scheidende Rektoren und Protestaktionen gegen den Bildungsnotstand organisiert.

Auf ehemaligem Trümmeraufschüttungsgebiet ließ die Stadt am 24. April 1961 den Oslo-Kai als Tor zum Norden eröffnen

Notgedrungen wurde die am Meer gelegene Christiana Albertina im Nachkriegsjahr zur Universität auf dem Wasser. Drei kümmerliche Wohnschiffe boten komfortlose Lehr- und Wohnräume. Rechts die zerstörte Kunsthalle am Düsternbrooker Weg

Im zeitlichen Wettkampf standen Bauarbeiter und Historiker, als beim Anlegen der Oslo-Kai-Zufahrtstraßen im Januar 1961 und Juli 1962 der vor der einstigen Stadtmauer gelegene Pestfriedhof ans Tageslicht kam

Seit 6. Juni 1962 vor dem großen Fährbahnhof: Die Segler-Plastik des Möllner Bildhauers Karl-Heinz Goedtke (Spitzname der Figur: Liegender Holländer)

Am 23. Oktober 1954 sackte die ruinöse Fassade der alten Universität um 15.45 Uhr unter der Wucht von 15 Kilogramm Sprengstoff zusammen

Auch in Kiel verfiel manch vorurteilsbehafteter Bürger in eine ablehnende Haltung gegenüber dem naturgemäß politisch interessierten und engagierten Studenten. Jungakademiker waren es, die manchmal unbequeme Diskussionen zur immer zweifelhafter werdenden Wiedervereinigung führten, die 1953 Schweigemärsche anläßlich der sowjetischen DDR-Niederknüppelung organisierten oder im November 1956 zur Demonstration aufriefen, als die Sowjets erneut Zähne zeigten. Die östliche Großmacht schluckte Ungarn als nächtes Opfer und beantwortete die Neutralitätsbestrebungen des Ministerpräsidenten Nagy mit Truppeneinmarsch und Einsetzung der Gegenregierung Janos Kadar. Engpässe an den Hochschulen der sechziger Jahre, der Streit um die Notstandsgesetze, die trotz Kritik vieler Bürger durch die Zweidrittelmehrheit der Großen Koalition durchgesetzt wurden, nicht zuletzt der Vietnam-Krieg erregten Unruhe in der jüngeren Generation. Die Spannungen entluden sich besonders 1968 in zahlreichen Demonstrationen der »Außerparlamentarischen Opposition (APO)«.

Kerngebiet der städtebaulichen Umgestaltung war in den fünfziger Jahren das zwischen Holtenauer Straße und »Brunswik« gelegene Viertel. Der Krieg hinterließ hier ein Trümmerchaos, das einem die Vorstellung eines neugeordneten Ganzen schwer machte. Doch den Jensen-Jüngern kam die Idee, Auflockerung, Luft und Helligkeit auch hier ihre Devise sein zu lassen. 1950 sorgten sie für Schlagzeilen, weil die zwischen Lehmberg und Jungmannstraße zerstampften 36 Grundstücke durch Zusammenlegung für den Bau der heutigen »Klagemauer« herhalten mußten. Etwa 500 000,– DM flossen als Entschädigungssumme auf die Konten ihrer Eigentümer. Die Zusammenlegung, in den meisten Aufbaugesetzen der Länder enthaltene Rechtseinrichtung, kam bis 1950 nur in wenigen Städten zum Zuge. Kiel bediente sich des radikalen Verfahrens, um eine größere Anzahl von Ruinengrundstücken zusammenzufassen und nach Bereinigung alter Grundstückslasten mit Wohnungen zu bebauen. Keine übliche Randbebauung, sondern mit Grün aufgelockerte Zeilenbauten wuchsen im rechten Winkel zur Straße, die ihrerseits Ladenketten einrahmten. Um diese vielfach im Bundesgebiet nachgeahmte Planung zu sichern, bescherte eine auf dem Aufbaugesetz basierende Bausperre einigen Grundstückseigentümern die Ablehnung bereits beantragter Baugenehmigungen. Als Bauherr nahm Bankdirektor a. D. Dr. Kersig das Wagnis der Trümmerwüstenkultivierung auf. Schon im Februar 1951 wehte auf der Westseite der Holtenauer Straße die Richtkrone. Auf der östlichen Seite mußte mit 61 Grundeigentümern ein Konsens erreicht werden, um die 24 000 qm große Ruinenlandschaft als einheitlichen Verband bebauen zu können. Bevor die letzte Häuserreihe den baulichen Abschluß bilden konnte, flog der Christianibunker als Rest der sirenentönenden Zeit an einem lauen Augustabend 1953 in die Luft.

An die Einweihung der von Gropius und Schmieden 1876 erbauten Universität im Schloßgarten erinnert ein Gedenkblatt, das die Entwicklung der Hochschule zeigt. Im oberen Bildteil der besagte Neubau; darunter sind Szenen vom Einweihungszug 1665 sowie das erste »Uni-Gebäude« im Klosterkirchhof und das von Katharina II. in Auftrag gegebene Haus in der Kattenstraße (Museum vaterländischer Altertümer) zu erkennen. Die Namenszüge in den Girlanden erinnern an ehemalige Lehrkräfte

1929 (unser Foto) noch Campus, ab 1946 Heimat für die im Schloßgarten obdachlos gewordene Alma mater. Das westlich (Vordergrund) von Hagenuk und (noch nicht stehender) Elac befindliche Gebiet bot ihr in Richtung Kronshagen und Projensdorf genügende Ausdehnungsmöglichkeiten

Ihre ersten Gehversuche meisterte die Universität in ehemaligen Elac-Gebäuden (rechts), die sie im Mai 1951 mit einem hohen Portikus gestaltete. Hinter dem im Juni 1955 mit einer Flasche Milch getauften »Genie-Transporter«, der Linie 2, wächst das im Februar 1960 begonnene Juristen-Hochhaus (Foto: Mai 1961)

Festzug des Lehrkörpers durch die Holstenstraße anläßlich des 300. Jubiläums der Universität

◁ *Blick vom Juristen-Hochhaus auf Straßenbahnwendeschleife und studentische Kulturbaracke. Das schmutzig-graue Provisorium mußte im März 1966 dem Bau der Universitätsbibliothek und der geplanten Westring-Verbreiterung weichen (Foto: Juli 1961)*

Engpässe im Bildungssystem, überfüllte Hörsäle, Notstandsgesetzgebung, Vietnam-Krieg oder überkommene Tabus veranlaßten die vorwiegend studentische Jugend der späten sechziger Jahre zu einer Reihe von Demonstrationen. Obwohl es in Kiel nie zu einer Häufung von Tumulten wie in Berlin oder südwestdeutschen Hochschulen kam, gab es vereinzelt Zusammenstöße mit der Polizei. Als ein Demonstrationszug am 9. Juli 1969 zum Regierungsviertel zog, um gegen Ordnungsrecht und Hochschulgesetzgebung zu protestieren, setzten Kiels Ordnungshüter Wasserwerfer ein. Die Demonstranten hatten zuvor an den – vom Verwaltungsgericht für unzulässig erklärten – Bannmeilen-Stacheldraht Hand angelegt

Trotz vorbildlichen Schulbaus der Stadt zeigte sich die Ingenieur-Schule (hier im Mai 1946) noch bis 1952 in einem gefährlichen Bauzustand, der den Lehrbetrieb ständig behinderte. Die Schule litt unter dem Zwiespalt, staatlich organisiert, baulich jedoch der finanzschwachen Stadtverwaltung zu unterstehen

Kiel zählte zu den ersten bundesdeutschen Städten, die Pavillon-Schulen nach norwegischem und schwedischem Vorbild eine städtebauliche Chance boten. In völliger Abkehr vom Prinzip bisheriger Schulbauten versprachen sie mit einer Auflockerung der einstöckigen Klassentrakte durch Gärten, Knicks und Bäume eine bessere Alternative für den Ernst des Lebens. Am 24. Juni 1953 gab eine Klasse der Friedrich-Junge-Schule dem Bundespräsidenten und Andreas Gayk im klasseneigenen Garten eine musikalische Kostprobe

Etwas südlicher, an Dreiecksplatz und Preußerstraße, legte sich der mit kaiserzeitlicher Fassade noch einzige Kaufhausbau neue Kosmetik auf. Wer unter den Arkaden von Jacobsen durch einen dunklen Holztunnel wanderte, spürte die totale Neuerung, die im November 1957 einen Anbau in der Preußerstraße und eine stereotype Neuzeitfassade mitbrachte. Gegenüber, Ecke Wilhelminenstraße/Bergstraße, streifte das Capitol die Haut eines veralteten Kinos ab. Im August 1963 zeigte es sich mit der West-Side-Story zeitgemäß als »Studio im Capitol«. – 1958 schloß sich der bauliche Zirkel um Lehmberg und Holtenauer Straße, indem die Ecke Teichstraße/Lehmberg zuwuchs. Mit dem Terrassen-Café Höllger erfuhr das ständig um seine Cafés ärmer gewordene Kiel eine willkommene Bereicherung, zumal endlich wieder ein Caféhaus in einem reinen Wohngebiet zum Türkentrank lud. Höllgers Gastronomieauftritt blieb nur von kurzer Dauer. Schon zum Weltspartag 1960 verdrängte die Kieler Spar- und Leihkasse mit einer neuen Zweigstelle Torten und Sahnebaisers. Ähnlich wie an Lehmberg und Holtenauer Straße krempelte Stadtbaurat Jensen die bis 1952 links liegengelassenen Gebiete von »Brunswik« und Feldstraße völlig um. Hier wie dort ist der bauliche Bestand bis 1945 vollkommen zerschlagen worden, was dem Wiederaufbau relativ freie Hand ließ. Die junge Bundesrepublik war noch nicht wieder bewaffnet, so daß man für die Neuerstehung der Kasernen am Langen Segen keinen Bedarf wußte. Sollte man das gesamte Gebiet daher zu einem attraktiven Geschäftsviertel ausbauen? Immerhin setzte die Brunswiker Straße in der Vorkriegszeit den attraktiven Endpunkt des kilometerlangen Einkaufszentrums. Zwischen Sophienblatt und Schloßgarten verdienten vor dem Krieg 497 Unternehmungen ihren Unterhalt. Nur 118 blieben an ihrem alten Standort. Auf die Brunswiker Straße entfielen 95 bzw. nach dem Kahlschlage 21 Betriebe. Eine Neuauflage der alten Geschäftsstraße hätte allerdings nicht mehr den Bevölkerungsbedürfnissen entsprochen. Längst strebten keine Arbeitermassen mehr als potentielle Kunden vom Fähranleger durch die Brunswik zur Jungmann- oder Schauenburger Straße, da die Bomben unter diese reinen Arbeiterviertel einen Schlußstrich zogen. Ähnliches traf auf die Studenten zu, die der Innenstadt den Rücken kehrten und auf ein Campus im Norden der Stadt ziehen mußten. Der Weg für eine doppelt breite – keineswegs schönere – Brunswiker Straße war frei und ließ Kiel sein zweites Hochhaus erhalten. Als es als künftiger Sitz des Sozialministeriums hochgezogen wurde, versicherte Kiels Feuerwehr, für den Notfall genügend lange Klettergeräte zu haben. Im bayrischen Fürth versagte das Hochbauamt nämlich einen 30 Meter hohe Wolkenkratzer, weil in der gesamten Stadt nur eine 27 Meter hohe Leiter aufzutreiben war.

Hervorzuheben ist neben den genannten Großbaustellen jene in der verlängerten Esmarchstraße. Im Juli 1950 ließ dort der erste Spatenstich 300 Familien auf ein ERP-(European Recovery Program)-gefördertes Zuhause hoffen. Zehntausend Wohnungen sah das Sonderaufbauprogramm insgesamt für Schleswig-Holstein vor. Am 20. Juli 1950 gab es bei sommerlicher Hitze und einer ohnehin 44 Tagesordnungspunkte umfassenden Ratsversammlungssitzung harte Debatten um Bau und Verlängerung der zum Wasserturm führenden Straße. Stadtrat Hartmann stellte den Antrag, die Schaffung neuer Straßen grundsätzlich zurückzustellen, solange noch Hunderte von Ruinengrundstücken für Wohnraumzwecke zur Verfügung stünden. Hartmanns Eindämmungsidee wurde mit 20 zu 15 Stimmen abgelehnt, obwohl sie vielen »Ausgebombten« aus der Seele gesprochen hätte. Sie folgten im März 1951 einem Aufruf des Haus- und Grundeigentümervereins und strömten in die Humboldt-Schule. Ränge und Gänge der Aula platzten förmlich, als die Ruineneigentümermasse hineinquoll. Alle wollten wissen, welche Unterstützung sie vom Lastenausgleich zu erwarten hätten und was sie mit ihren zerschossenen Grundstücken anfangen könnten. In lebhaft-turbulenter Aussprache prangerten sie die fesselnde Bausperre an und fühlten sich durch die mangelhafte Berücksichtigung ihrer Ruinengrundstücke beim Wiederaufbau auf die städtebaulichen Hinterbänke verwiesen. In der Tat wurden die kilometerweisen Häusergerippe für den Wiederaufbau recht spät beachtet.

Jeder wiedereingefügte Stadtbildmosaikstein ließ Kiels ausgebrannte Kirchen Vergangenheit werden. Den Anfang machte am 12. November 1950 die Ansgarkirche, nachdem die Bomben des 26. August 1944 ihr das Dach nahmen. Der Rest kam relativ glimpflich davon. Allerdings zehrte das Feuer am westlichen der beiden hohen Kirchenschiffsgiebel derart stark, daß er im folgenden Winter niederfiel und die Hälfte des Gewölbes durchschlug. Damit fügte sich auch die Kirche in der Waitzstraße in die Reihe der Ruinen ein und verwitterte zusehends nach dem Kriege. Ihre Orgel rostete vor sich hin, und der wackelige Ostgiebel mußte – um nicht das Schicksal seines westlichen Pendants zu erleiden – auf baupolizeiliche Anordnung hin abgestützt werden. Erst 1949 konnte ein neues Dach den Kirchenverfall noch einmal retten; das Jahr 1950 ließ den Innenraum neu erstehen. Größeres Aufsehen bereitete der Wiederaufbau der Jacobi-Kirche im Oktober 1952. Hauptsächlich gingen die Diskussionen dabei um den vom Hamburger Architekten Langmaack vorgesehenen Turmentwurf, der als aufgesetzter Glas-Stahl-Kubus absolut nichts von einer Kirche zu haben schien. Um zwischen der relativ kleinen Kirche und dem gerade vom Bauamt genehmigten »Wolkenkratzer« am »Exer« keinen optischen Konkurrenzkampf wie zwischen Trinity-Church und Manhattan-Gipfeln anzufachen, entschied sich die Kirchenleitung gegen einen (Vorkriegs-) Spitzturm pro Langmaack.

Wohnungs- und Straßenbau legten nicht die einzigen Fundamente für eine menschenfreundliche Stadt. Die Kieler, die mit ihrer Förde ein ideales Freizeitrevier vor der Haustür liegen hatten, wünschten sich nach dem Krieg nichts sehnlicher, als ins Hafennaß zu springen. Ihre geheimen Badewünsche fanden häufig in der Tagespresse durch publizierte Freibäderpläne ihren Niederschlag. Resolut ließ ein Architekt (im Geiste) die Wasserallee unterhalb der Seeburg aufschütten und sah von einer großen baumumkränzten

Wiese aus die Kieler ins Hafenwasser steigen. Ein anderer dachte an ein zwischen Bellevuebrücke und zerstörtem Seebad Düsternbrook schwimmendes, 800 Meter langes Badefloß. Mit den Bademöglichkeiten stand es tatsächlich schlecht. Wer Wert auf einen idealen Strand legte, mußte Fahrgeld opfern, um Falkenstein, Schilksee, Möltenort oder Laboe aufsuchen zu können. Zum schnellen Hineinspringen fehlte für Kurzentschlossene eine Badeanstalt in der Innenförde. »Düsternbrook« zerschlug der Krieg; für seinen Wiederaufbau fehlte bis 1951 das nötige Geld. Proteste und Briefe an die Behörden waren häufig die Antwort. Durch einen »Handstreich« nannten viele den kleinen Strand an der Tirpitzmole ihr eigen und drängten sich dort dutzendfach wie in einer Sardinenbüchse. Für eine Handvoll Strandburgen genügte es zunächst. Noch lange Jahre nach dem Zusammenbruch mußte man darauf achten, sich nicht an den auch im seichten Uferwasser überall herumliegenden Wrackteilen zu verletzen. Vielfach nur eben vom Wasser überspült, konnte man kleine gefährliche Reste des Schiffsfriedhofs nur schwer ausmachen. Der Abbau des ehemals über 300 Schiffe umfassenden Schrottbergs machte seit der Währungsreform täglich derart große Fortschritte, daß Spaziergänger am Hindenburgufer im Juni 1951 einen denkwürdigen Augenblick miterleben konnten. Der letzte bis 1945 auf Grund gesetzte Dampfer trat seine Werkstattfahrt an. Taucher und Techniker konnten das zerschossene Wrack so weit abdichten, daß es in den Scheerhafen abgeschleppt werden konnte. Kiels Hafen bot sich endlich wieder wie in der Vorkriegszeit – frei, entrümpelt, nur für »Wasserratten«, Segler und Ausflugsverkehr. Viele wußten, daß es mit dem ruhigen Freizeitrevier in der Innenförde bald zu Ende sein sollte und verfolgten seit 1951 die NWDR-Übertragungen der ständigen Bundestags-Wehrdebatten. Am 24. Januar 1956, Punkt 8.00 Uhr, bekam Düsternbrook zum dritten Mal in seiner Geschichte Marinenachbarn. Dieses Mal gab man sich klüger, plante Unterkünfte der Marine langfristig und schlug nicht wieder wild auf das wehrlose Stadtbild ein. Allerdings gab es ein besonders beklagtes städtebauliches Opfer. Die junge Marine benötigte für ihr neues Segelschulschiff Gorch Fock ausreichenden Platz an der Blücherbrücke und forderte die Beseitigung des brüchigen Signalturmes. Erst 1953 von seinen Bombenschäden kuriert, zeigte er bereits ein Jahr später starke Risse im Fundament und ließ die untergebrachten Hafenbehörden hastig ihre Akten packen. Schuld am Turmzustand trug nicht allein der Krieg. 42 Wasserbomben erschütterten sein Fundament, als die Besatzungsmacht den nahe gelegenen Blücherbunker entfestigen wollte. Noch erhielt das alte Hafenwahrzeichen eine vierjährige Galgenfrist, denn erst im Herbst 1958 rechnete man mit einer neuen Gorch Fock. Am 23. August 1958 lief sie – wie schon 1933 ihr Vorgänger – bei Blohm & Voss in Hamburg vom Stapel. Der alte Dreimaster wurde nach dem Krieg der Sowjetunion zugesprochen und fuhr dort unter dem Namen »Towaritsch«. Bis zum Einzug des neuen Segelschulschiffs nutzte der Nautische Verein die Gelegenheit, den Turm vor dem Aussterbeetat zu retten. Irgendwie – so die Vereinsleute – ließe sich schon das nötige Kleingeld auftreiben. Betretenes Schweigen, als sie nach langem Rechnen auf eine Wiederherstellungssumme von 200 000 DM kamen, schließlich aber ein salomonisches Ergebnis herausfanden: Wenn jeder Einwohner 0,50 DM stiften würde, wäre der Signalturm ganz einfach gerettet. Die Beschaffung dieser Geldsumme erwies sich trotz Schützenhilfe vieler Geschäftsleute als Utopie, zumal die Erneuerungskosten durch die am Turmgemäuer nagenden Wellen ständig stiegen. Den Nautikern blieb nur noch der Griff zum Füllfederhalter übrig. Sie baten den Turmhausherren, Bundesverteidigungsminister Franz Josef Strauß, um Einsatz für den Erhalt des marineeigenen Baudenkmals. Der sonst nicht wortkarge Bayer verwies die »Preußen« knapp auf Fundamentsuntersuchungsergebnisse und lehnte kurz und unmißverständlich eine Reparatur wegen Baufälligkeit ab. Soweit der gescheiterte Bericht aus Bonn. Ansonsten gab sich die neue Marine von Anfang an publikumsnah. Als die ersten drei Schnellboote Ende Mai 1956 in Dienst gestellt wurden, ließ man die Kieler drei Stunden lang schnuppern, besichtigen und Fragen stellen. Gleich anschließend an die Schiffsübergabe rollte ein viertägiges Marine-Bundestreffen ab. Für manchen Veteranen und Alt-Kieler ein Bild wie in verblichenen Tagen, in dem die Marine für kurze Zeit das Stadtbild bestimmte. Hauptgrund zum Feiern lieferte der 40. Jahrestag der Skagerrak-Schlacht. Mehr als zehntausend ehemalige Marinesoldaten der früheren kaiserlichen, Reichs- und Kriegsmarine feierten Wiedersehen mit ihrer alten Garnisonsstadt, mußten sich aber wegen der plattgewalzten Vergangenheit wie eine Herde unbeholfener Landratten durchfragen. Die ältesten Besucher mit »Kaiserbärten« gehörten zum Schiffsjungen-Jahrgang 1892. Kaum ein Stuhl war in den Festzelten und Lokalen zu haben, wenn Marinekonzerte und Großer Zapfenstreich die Kieler in die City kommen ließen, oder Tausende von Marinern noch nach 1 Uhr nachts der guten, alten Zeit über ihren Biergläsern nachtrauerten. Für die Gastronomie gerade das »richtige Geschäft«. In einer Innenstadttaverne sollen pro Abend an die 3500 Labskaus-Portionen in Seemannsmägen gewandert sein.

Um nicht den Vorkriegsfehler der wirtschaftlich einseitigen Marinebetonung zu begehen, baute die Stadt zäh an ihrem Nordhafen. Bevor er allerdings seine endgültige, heutige Gestalt bekam, zerstampften dröhnende Bagger 1959 eine der schönsten Kieler Badeanstalten. Sie lag gegenüber der »Trauminsel« vieler Kieler am Südufer des Kanals. Die Badenden konnten zu der 150 Meter langen und 25 Meter breiten Wildnis hinüberschwimmen und untertauchen. Die Kanalverwaltung bereitete der Romantik ein Ende. Sie ließ unweit der Levensauer Hochbrücke eine umfangreiche Erweiterung der Wasserstraße auf Kosten der Kanalinsel vornehmen, bei der die damals recht eckige Kurve auf Höhe des Gutes Knoop entschärft werden sollte. Bunkeranlagen machen sich heute auf dem ehemals reizvollen Flecken breit. Etwas östlicher kamen umfangreiche Speicheranlagen hinzu.

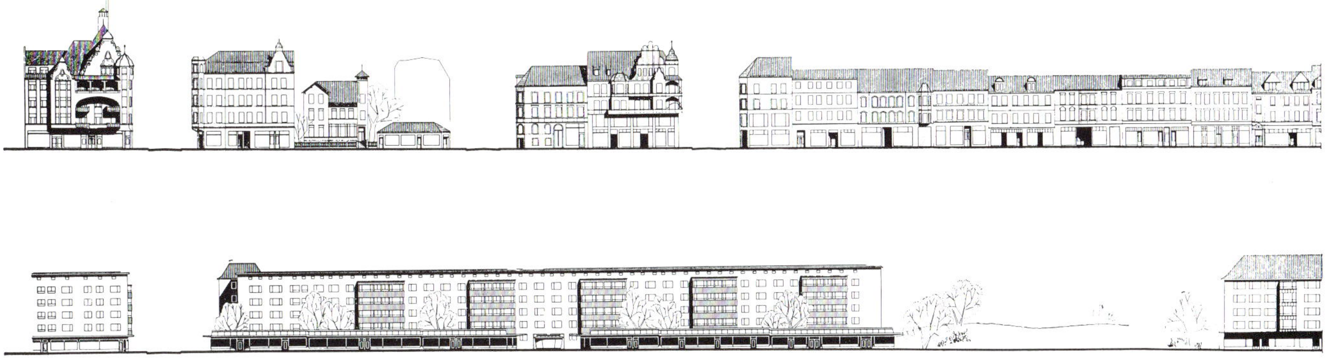

◁ Die Chance des totalen Neuaufbaus wurde 1950 bis 1952
◁ besonders im Gebiet zwischen Holtenauer Straße (unten) und Brunswiker Straße/Feldstraße genutzt (oben; Blick von der Gerhardstraße auf die zerstörten Kasernen an »Feldstraße« und »Langer Segen«, 1947). Dabei konnte die Stadt, um bebaubare Großflächen zu erhalten, auf die im Landes-Aufbaugesetz enthaltenen Möglichkeiten der entschädigungspflichtigen Zusammenlegung zurückgreifen. Während die Holtenauer Straße ihren Charakter als Wohn- und Geschäftsgebiet behielt, verlor das oben abgebildete Stadtviertel, namentlich die Brunswiker Straße, nicht zuletzt durch den Fortfall von Marine und Universität diese Funktion.

Richtfest auf der östlichen Seite der Holtenauer Straße, deren Anlageprinzip wie ihr westliches Pendant – auflockernde Grüngebiete und teilweise rechtwinklig zur Straße gekehrte Bauten – in anderen Städten der Republik Nachahmung fand (29. April 1954). Ein Vergleich zwischen Vor- und Nachkriegsbebauung (oben) verdeutlicht den Wegfall von Annen- und Christianistraße sowie die Zusammenlegung der Grundstücke zu einem einheitlichen Grundstücksverband △ ▽

Kaufhaus Jacobsen wurde 1956 vom Horten-Konzern übernommen und 1957 zum »Merkur« umgebaut. Die Neueinweihung ließ Kiels Hausfrauen am 18. November 1957 zu Frühaufstehern werden (unten: Blick von der Preußerstraße zu Tom Watson am Dreiecksplatz)

◁◁ *Im Gegensatz zur Vorkriegszeit übernimmt die Brunswiker Straße keine nennenswerte Funktion als Einkaufsstraße, sondern als Verkehrsader. Der im August 1958 vom Sozialministerium aus gewonnene Überblick läßt die ehemalige (gepflasterte) Straßenbreite sowie die Erdarbeiten für die Verbreiterung auf 36 Meter erkennen*

◁ *In der Feldstraße verschwand im März 1964 – nördlich der Gelehrtenschule – das ehemalige Marinegefängnis, vor dem im November 1918 die ersten Schüsse der Revolution fielen*

◁ *Der ruhige Ausblick vom Arbeitsamt auf den auf dem Wilhelmplatz stattfindenden Wochenmarkt täuscht. Die Gewerbetreibenden protestierten gegen die unbequeme Verlegung vom »Exer« im Mai/Juni 1954. Gründe waren die Einbeziehung des Platzes in die Ostseehallen-Ausstellung »Welt und Frau« und seine – überfällige – Planierung*

Am 9. September 1968 hieß es endgültig »Aus« für die Straßenbahnlinie 2. Viele Schaulustige und der Spielmannszug des FT Vorwärts fanden sich in Hasseldieksdamm ein, um den letzten Wagen auf seine allerletzte Reise zu schicken

Neben dem Wohnungsbau standen Straßenbau und Ausweitung des Verkehrsnetzes in vorderster Reihe ▷

Im Juli 1950 veränderte die verlängerte Esmarchstraße ihr Gesicht, als mit Mitteln des European Recovery Programs (ERP) 300 Wohnungen – vorwiegend für Flüchtlinge – errichtet wurden ▷

Der Knooper Weg im Sommer 1952 mit der von der Reventloubrücke zum Hauptbahnhof fahrenden Straßenbahnlinie 2. Am 4. Oktober 1959 gab der Schaffner um 23.50 Uhr zum letzten Mal seinem Fahrerkollegen das Klingelzeichen. Tags darauf übernahm die Buslinie 8 die Strecke

E·R·P
10 000 FLÜCHTLINGSWOHNUNGEN

Kiels Kirchen kamen wieder. 1949 verhinderte ein neues Dach die totale Verwitterung der Ansgarkirche an der Waitzstraße (unten rechts, etwa 1948); 1953 erhielt die Jacobi-Kirche am Knooper Weg einen Turmhelm aus Glas und Stahl; 1958 erlebt die Luther-Kirche ihre Neuerstehung

Demgegenüber bewahrte das auf der Kanalnordseite gelegene Holtenau sein dörflich-maritimes Gepräge, obwohl es sich im Herbst 1953 in Richtung Waffenschmiede ausdehnte und mit der Umgebung des neuen Eckener Platzes in den sechziger Jahren beträchtlichen Zuwachs erfuhr. Verschwunden ist allerdings das markante Kaiser-Wilhelm-I.-Denkmal vor der einst an der Dampferanlegebrücke stehenden Wartehalle. Sein Sockel zerbröckelte im Juni 1954 unter dem Druck der Preßlufthammer. Gerade setzten die Arbeiter mit dem dröhnenden Werkzeug an, stießen sie in einen Hohlraum und hievten unter Zeugen ein Stück Kanalgeschichte in Form einer Kassette ans Tageslicht. Bevor sie in ein Bankhaus wanderte, überzeugte man sich stolz vom historischen Wert des Fundes: eine handgeschriebene Urkunde mit den Namenszügen Kaiser Wilhelms II. und seines damaligen Kanzlers Hohenlohe, ein umfangreiches Werk über den Wasserstraßenbau einschließlich seiner Vorgeschichte, eine kleinere Münzsammlung, Visitenkarten und Prospekte. Einige Tage später suchte eine eingemauerte Flaschenpost ihren Empfänger. Auch dieser Fund hütete Visitenkarten vieler Gäste und Bauleute. Wer von den Einweihungsgästen keine derartige Papierkarte bei sich trug, steckte – wie ein Hamburger – seine Bettkarte eines Schiffes in die Flasche. Erhalten gebliebenes Relikt der Kanaleinweihung ist der backsteinerne Leuchtturm. Drei Kaiser ließen sich in ihm verewigen. Wer einmal durch die meist geschlossenen Gußeisenpforten späht, stößt auf Erinnerungstafeln Kaiser Wilhelms I. (1887), des todkranken Friedrich III. (1888) und Wilhelms II. (1895), garniert durch allegorische Mosaikarbeiten. An den alten Eiderkanal erinnern ein 7,5 Meter hoher Sandsteinobelisk (1784) mit Goldinschrift »Patriae et populo« (dem Vaterland und dem Volke) sowie der alte Grimm'sche Speicher. Er rückte wegen Funktionsuntüchtigkeit und baulicher Schäden 1978 in die Liste der Denkmalschutzsorgenkinder. Kein x-beliebiger Bau, sondern Zwillingsbruder des 75 Kilometer weiter westlich gelegenen Packhauses in Tönning. Beide setzten seinerzeit den Anfangs- bzw. Endpunkt des 1784 fertiggestellten Eider-Kanals, damals Europas längste künstliche Wasserstraße. Als der Nord-Ostsee-Kanal im wesentlichen das Bett seines Vorgängers ausfüllte, ließ er dessen Rudimente nahezu alle aus ihrem Rampenlicht treten. Das Holtenauer Packhaus gehört zu ihnen.

Verschüttete Erinnerungen werden bei einem Gang durch Friedrichsort wach. Dort verschwand eine der letzten Ostseefestungen im Sommer 1956, eingeebnet bis auf einen kümmerlichen Rest. Gefräßig verlangten die neuen Bauten der MaK »Maschinenbaufabrik Kiel« nach den historischen Bastionsresten des 1632–1637 gegen den Willen der Schleswig-Holsteinischen Stände angelegten dänischen Stützpunktes.

Ein weiteres Baudenkmal forderte der Großbetrieb 1977 mit dem Einreißen der Admiral-Scheer-Kaserne. Einer der letzten schleswig-holsteinischen Militärgroßbauten aus preußischer Ära wich damit wirtschaftlichem Expansionsstreben. Einst Ausbildungsstätte für Marineunteroffiziersnachwuchs, erste Heimstatt für Hunderte von Ostvertriebenen und Flüchtlingen, zuletzt unwirtliche Gastarbeiterbehausung. Lübecks ehemalige Kaserne und Rendsburgs kaiserzeitliches Gymnasium waren bereits abgebrochen oder standen kurz vor dem Todesstoß. Gut einhundert Jahre zuvor drängten all diese Zweckbauten den in spätbiedermeierlicher Beschaulichkeit liegenden Norden architektonisch in eine neue, von Repräsentanz und straffer Organisation geprägte Zeit. Ob schön oder nicht, jedenfalls verlor das Land in jenen Tagen seine letzten Beispiele preußischer Großarchitektur. Kiel trug mächtig zu dieser Entwicklung bei, indem es Stadtbildgeschichte vielfach nur noch auf dem Foto stattfinden läßt. Schon im März 1973 wurde Friedrichsort mit dem Verlust seines Leuchtturmes ein Stückchen ärmer. Nach über 150 Jahren »feuriger« Tätigkeit warf ihn die Wasser- und Schiffahrtsdirektion auf das Altenteil. Als er 1866 die kümmerlichen Talgkerzenfeuer ablöste, war er das Neueste vom Neuen. Die Nachkriegszeit bescherte ihm mit benachbarter Illumination eine handfeste Lichtkonkurrenz und ließ ihn kaum erkennbar werden. 1969 fiel die Entscheidung für den Bau eines doppelt hohen Turmes. Im März 1973 pickte ein Kran seine eiserne Blinkfeuerhaube auf und trug sie zum Bootshafen. Völlig von ihrem ursprünglichen Standort entwurzelt setzte man sie dort zum Kieler Umschlag 1975 auf eine Stahlplattform. Den Rest des schwarz-weiß geringelten Schaftes zerstießen Spitzhacken.

Bei gutem Wetter konnte man vom Friedrichsorter Leuchtturm zu seinem schwimmenden Kollegen auf der Außenförde schauen. Ob Windstärke 12 oder spiegelglatte See, immer diente das rote Feuerschiff mit den großen weißen Buchstaben »Kiel« dem Seeverkehr als unentbehrlicher Wegweiser. Ohne 8-Stunden-Tag für die Besatzung, denn jeder mußte ständig einsatzbereit sein und auf einige Stunden Schlaf verzichten können. Dafür entschädigten ihn nach vierwöchigem Dienst jeweils 14 Urlaubstage und beliebig viele 3½-Pfennig-Zigaretten. Das Problem des Feuerschiffs lag darin, in manchen Jahren mehr in der Werft anstatt auf Warnposition zu liegen. Fast zweieinhalb Jahre lang ließ eine folgenschwere Kollision am 4. Januar 1957 den fünfzig Jahre alten Schiffsveteranen das Krankenbett (sprich: Dock) hüten. An jenem nebelverschleierten Januarmorgen fielen den erfahrenen Seeleuten um 8.43 Uhr die Kaffeetassen buchstäblich aus der Hand. Der aus Kiel in die Ostsee auslaufende finnische Dampfer »Satu« verfehlte in der dicken Milchsuppe seine freie Fahrrinne, rammte das Feuerschiff und schlug es leck. Sofort gurgelte mittschiffs das Wasser. Bis etwa 9.45 Uhr konnten die durchnäßten Seemänner mit eigenen Lenzpumpen das immer stärker eindringende Wasser abwehren. Vergeblich. Die Wasserlinie stieg bedrohlich, das Schiff sackte nach achtern ab. Der alarmierte Bugsierschlepper »Alk« und der Schlepper »Flemhude« eilten herbei, um zu bergen, was zu bergen war. Plötzlich bekam der angeschlagene Havarist schwere Schlagseite, neigte sich um 45 Grad nach Steuerbord und fegte in Sekundenschnelle die gesamten vorderen Aufbauten des dort liegenden »Alk« über Bord. Die Rettungsaktion schei-

terte damit dramatisch. Kaum vom Krankenlager zurückgekehrt, brachte eine Kollision im März 1960 das nächste Leck. Fünf Jahre später ließ die gebrochene Ankerkette das Schiff in die See abtreiben. Nun reichte es den Behörden, und sie beschlossen den Ersatz des Feuerschiffes durch einen stabilen Leuchtturm. Im Morgengrauen einiger Junitage 1965 dampfte mehrmals ein ungewöhnlicher Schleppzug aus der Förde, vorweg jeweils ein Schlepper, hinter ihm der wenige Meter aus dem Wasser ragende Stahlbetonkörper des künftigen Leuchtturmwinkelfundamentes, wiederum von zwei Schleppern geschoben. Das Hauptstück des Projektes nahm Mitte September auf dem Seefischmarktgelände Gestalt an, als der lange Arm eines Schwimmkrans hohe Aluminiumteile Stück für Stück aufeinandersetzte und den Leuchtturmcorpus entstehen ließ. Am Morgen des 3. November packte ein großer Marinekran das blecherne Endprodukt am Kragen, hievte es durch die Förde und setzte es exakt um 12.10 Uhr auf seiner Betoninsel ab. Erst

Die Trümmerräumung blieb nicht nur auf das Land beschränkt. Bis 1949 verschwand ein Schiffsfriedhof von mehr als 300 rostigen Ruinen. Im Mai 1947 dichtete eine Bergungsmannschaft die zerschossene »General Osorio« ab, pumpte den muschelbewachsenen Schiffstorso leer und stellte sich hinterher dem Fotografen

am 5. Juli 1967, als der damalige parlamentarische Staatssekretär im Bundesverkehrsministerium, Holger Börner, den Turm einweihte, ging das 1906 in Dienst gestellte Feuerschiff als Reservefeuerschiff auf sein Altenteil.

Als wirtschaftliches Sorgenkind Nr. 1 machte das Ostufer in den Aufbaujahren zu schaffen. Während sich 1950 in der gesamten Bundesrepublik die Beschäftigungsraten gut oder befriedigend entwickelten, gehörte Kiel, namentlich wegen der prekären Ostufer-Situation, zu denjenigen Städten, in denen sich noch immer lange Menschenschlangen vor den Arbeitsämtern drängten. Hinzu kamen ein ständiges Ansteigen der Flüchtlingszahlen und eine Energiekrise. Sie traf den deutschen Norden besonders hart, als er in den Kohlen-Engpaß des Jahres 1950 geriet. Die Adenauer-Regierung beschloß daraufhin sofort einen Küsten-Kohlentarif. – Bis Mai 1950 ließen Norddeutschlands Besatzer in erschreckender Regelmäßigkeit Kiels östliche Wirtschaftsadern detonieren. Entgegen einem weitverbreiteten Irrtum gingen ihre Demontagen nach den eingestellten Sprengungen weiter.

Bis 1950 mußten sich Kiels Wasserratten mit einem Miniaturstrand an der Tirpitz-Mole zufriedengeben; die Badeanstalt Bellevue, in der Bundespräsident Dr. Heinemann im August 1969 nach einem Schwimmbesuch eine kühle Dusche nahm (rechts), ließ erst ab 1951 Kopfsprünge in die Innenförde zu

Relikt eines technischen Pionierstücks: Der Holtenauer Kanalspeicher aus der Ära des alten Eiderkanals, einst Europas längste künstliche Wasserstraße

◁◁ *Am 14. Dezember 1970 flog der vom Kieler Architekten Theede in den zwanziger Jahren errichtete Speicher am Nordhafen durch eine schwere Staubexplosion in die Luft. Während in Holtenau und in der Wik die Fensterscheiben klirrten, verschüttete ein Regen von Betonbrocken anliegende Frachter und parkende Autos. 6 Tote, 20 Verletzte und Sachschäden von mehr als 30 Millionen DM wies die Katastrophenbilanz auf. Im April 1971 beseitigte man seine unbrauchbar gewordenen Reste*

Der 15 Meter hohe, seit 1866 abends blinkende Friedrichsorter Leuchtturm konnte mit den Erfordernissen der modernen Seeschiffahrt nicht mehr Schritt halten und wurde 1973 abgebrochen

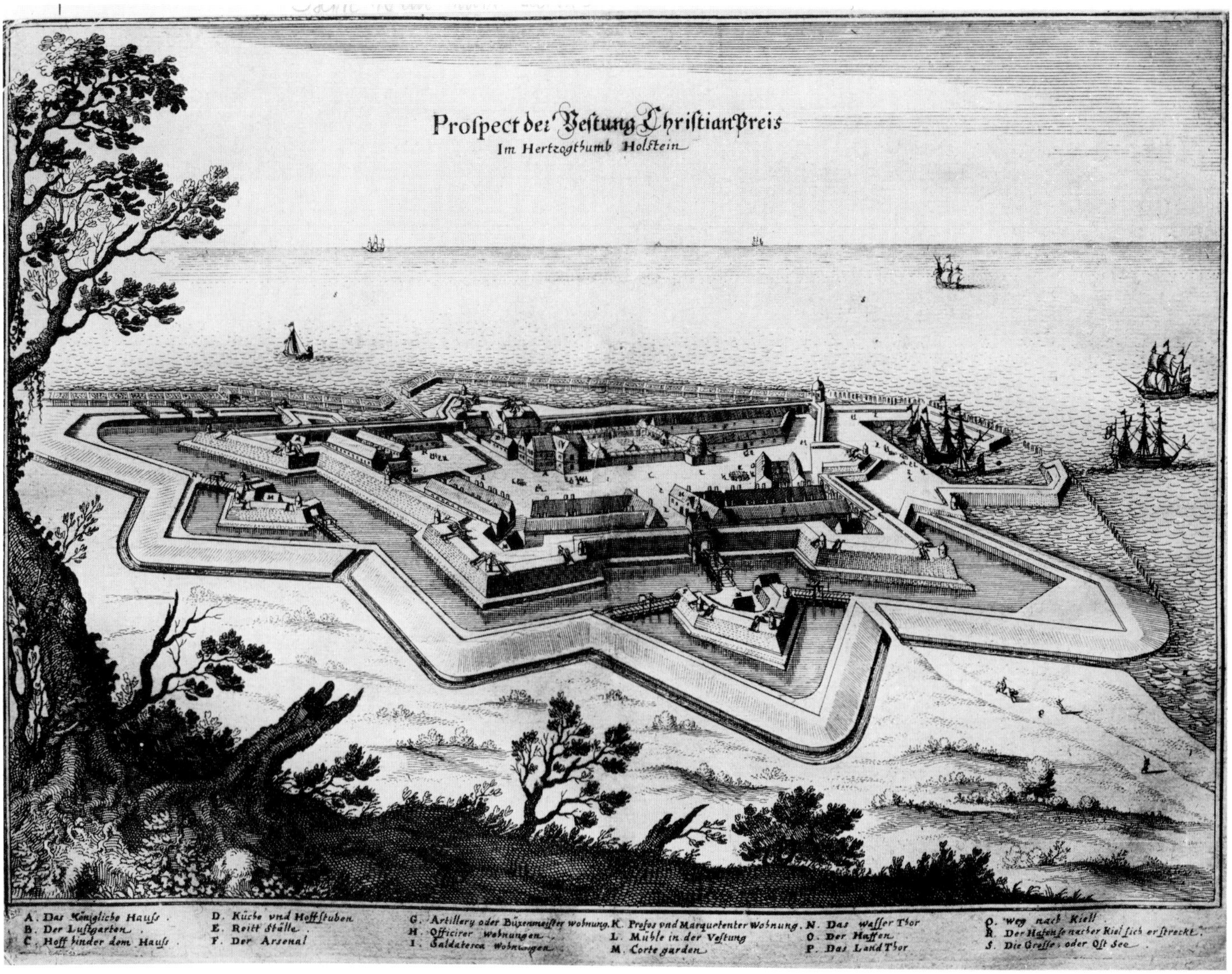

Keimzelle von Friedrichsort war die auf Kosten mehrerer Dörfer des Dänischen Wohlds und gegen den Willen des schleswig-holsteinischen Adels 1632–1637 vom Dänenkönig Christian IV. angelegte Seefestung »Christianspries«. Der für das mit Schweden verfeindete Dänemark strategisch günstige Stützpunkt wurde unter Friedrich III. 1648 geschliffen, 1690 als Festung »Friedrichsort« neu gebaut

Lautlos, aber nicht minder »wirksam«. Hellinge wurden zugeschüttet, Schiffsliegeplätze zerstört, Kaimauern eingerissen und vernichtet. Nach erfolgter Freigabe eines kleinen Geländeteils sah sich der von deutschen Stellen betriebene Wiederaufbau ringsum von britischen Einschränkungsbestimmungen ummauert. Kärgliche Betriebserlaubnisse konnten Kiels beklemmende Arbeitslosigkeit kaum beseitigen. Kein Maschinenbau, keine Verwendung von Kränen mit einer Tragfähigkeit von über 10 Tonnen . . . Die Sieger definierten ihre dutzendweisen Verbote als »Sicherheitsbestimmungen«. Wer in der früheren Schiffbauschlosserei der Germania-Werft beim Anblick von Betonmischern auf einen neu angesiedelten deutschen Wirtschaftsbetrieb tippte, wurde herb enttäuscht. Als Ironie des Schicksals betrieben die deutschen Arbeiter auf Besatzergeheiß die Selbstzerstörung ihrer Arbeitsplätze, gossen große Betonklötze und brachten sie zur Kaimauer des ehemaligen Großbetriebes. Krachend plumpsten die grauen Brocken ins Wasser und in das Gebiet der Hellinge. Insgesamt 45 000 Quadratmeter sollten ein für alle Male zum toten Gelände abgestempelt werden. 800 000 Kubikmeter Schlick karrte man zur Beerdigung des Binnenhafens der Deutschen Werke heran und begrub damit gleichzeitig das noch heute dort rostende Wrack des 10 000-Tonnen-Panzerkreuzers »Admiral Scheer«. Fast 40 000 Tonnen wertvollstes Arbeitsgerät traten gleichzeitig ihren Weg ins Ausland an. Wer diesen Schaden in Geld bemessen wollte, sah die Stadt allein durch den Materialverlust um 425 Millionen DM gebracht; die

Trotzdem die MaK (Maschinenbaufabrik Kiel) dem am Strand gelegenen Festungsgelände im Laufe der Zeit näher rückte, sind Teile der ehemaligen Wälle, Gräben und Bastionen noch gut erkennbar

Abbaukosten noch nicht mitgerechnet. »Eine sinnlose Verschwendung öffentlicher Gelder«, wetterte Gayk im August 1950. Die Engländer gingen den Deutschen entschieden zu weit. Am Morgen des 12. August 1950 klopften Ministerpräsident Diekmann, Oberbürgermeister Gayk und Stadtrat Voss beim englischen Landeskommissar an die Tür. Unverblümt wiesen sie den Briten auf die katastrophalen Versumpfungsgefahren für das Ostufer hin, die nach den rücksichtslosen Zuschüttungen drohten. Selbst die zum Seefischmarkt führende Verbindungsbahn rollte bereits auf wasserüberspülten Schienen. Landeskommissar Asbury empfand den Zustand ebenfalls als unhaltbar und wollte sehen, was sich machen ließ. Er schien schnell reagiert zu haben. Einen Monat später konnte der vor Freude strahlende Gayk der Ratsversammlung von der Planung ausreichender Entwässerungsanlagen und der Aufhebung jeglicher Beschränkungen für das Ostufer berichten. Der Durchbruch war geschafft. Niemand beanstandete mehr den Bau von

Seit 1956 begann die Umkennzeichnung der 21 000 in der Landeshauptstadt fahrenden Kraftfahrzeuge. Während der »Leukoplastbomber« noch ein »BS«-Schild aus Besatzungsjahren trägt, zeigt sich das Cabrio bereits als »KI«-Gefährt ▷

1950 versenkten Kräne auf Geheiß der Besatzungsmacht vor dem ehemaligen Werftgelände schwere Betonbrocken, die jeglichen Schiffbau unmöglich machen sollten. Im Hintergrund wachsen in der Kieler Straße ERP-Bauten ▷

Die 1866/67 erfolgte Inkorporierung Schleswig-Holsteins in den preußischen Staatsverband schlug für das bis dahin fast »vorindustrielle« Land ein neues Geschichtskapitel auf. In bislang unbekannten Dimensionen erlebte es preußische Organisation und Repräsentanz, begleitet von einer Reihe eindrucksvoller Großbauten. Als einer der letzten Zeugen dieser Zeit mußte die über 100 Jahre alte Admiral-Scheer-Kaserne am Friedrichsorter Skagerrak-Ufer trotz ihres hohen Denkmalwertes den 1977 begonnenen MaK-Erweiterungsbauten weichen

Das am Fördeausgang liegende Feuerschiff erlebte mehrfache Kollisionen und wurde am 5. Juli 1967 vom unfallsicheren Leuchtturm Kiel abgelöst. Unser Foto zeigt Bergungsarbeiten am leckgeschlagenen Havaristen, nachdem ein finnischer Frachter es am 4. Januar 1957 rammte

KI- A307

Einweihung der Jugendherberge am 21. Juni 1962. Von links nach rechts: Bundespräsident Lübke und Gemahlin, Stadtpräsident Köster und Gemahlin sowie Ministerpräsident Kai-Uwe von Hassel

Maschinen, Werkzeugen aller Art, die Konstruktion von Kesseln oder die Einrichtung von Eisengießereien. Für die Stahlkonstruktionen behielten sich die Briten allerdings eine Genehmigungserteilung vor. Schlag auf Schlag regnete Wirtschaftsmedizin auf die kranke Stadt an der Förde: Der Bund stellte aus seinem Besatzungshaushalt 150000 DM zur Schadensbeseitigung bereit und sagte finanzielle Hilfestellung bei der Wiederinstandsetzung der Ostufer-Entwässerungsanlagen zu. Für die Ansiedlung von Betrieben standen 1,5 Millionen DM aus dem Arbeitsbeschaffungsprogramm zur Verfügung. Darüber hinaus überließ die Bundesregierung das bundeseigene Gelände und das vorhandene Anlagevermögen (Deutsche Werke und Marinearsenal) für den Wiederaufbau. Derartige Finanzspritzen verfehlten ihre Wirksamkeit nicht. Schon in der ersten Novemberhälfte 1951 konnte eine Fernsehfirma, die sich auf dem Wüstengelände der Deutschen Werke niederließ, die ersten einhundert »Schränke« in den Handel gehen lassen. Der große Wurf war allerdings die Neuauflage einer der Weimarer Zeit entstammenden Idee, die Zufuhren der in Kiel stationierten Fischkutter auf einem Seefischmarkt zu konzentrieren. Schon im Juli 1945 verzichtete die Militärregierung auf die Zerstörung eines Teiles der früheren Marineanlagen an der Schwentinemündung. Ein wirtschaftlich hochwertiges Gelände stand damit zur Verfügung. Zahlreiche nur teils zerstörte Gebäude konnten den Aufbau wesentlich erleichtern. Am 6. März 1948 hob Gayk die zwischen Landesregierung und Stadt gebildete »Kieler Seefischmarkt GmbH« aus der Taufe. Sie begann Anfang der fünfziger Jahre in aller

Kiel erhielt am 2. Advent 1966 eine zweite Schwimmhalle und erfuhr eine gleichzeitige Steigerung seines Freizeitwertes auf dem Ostufer (Foto: Mai 1965)

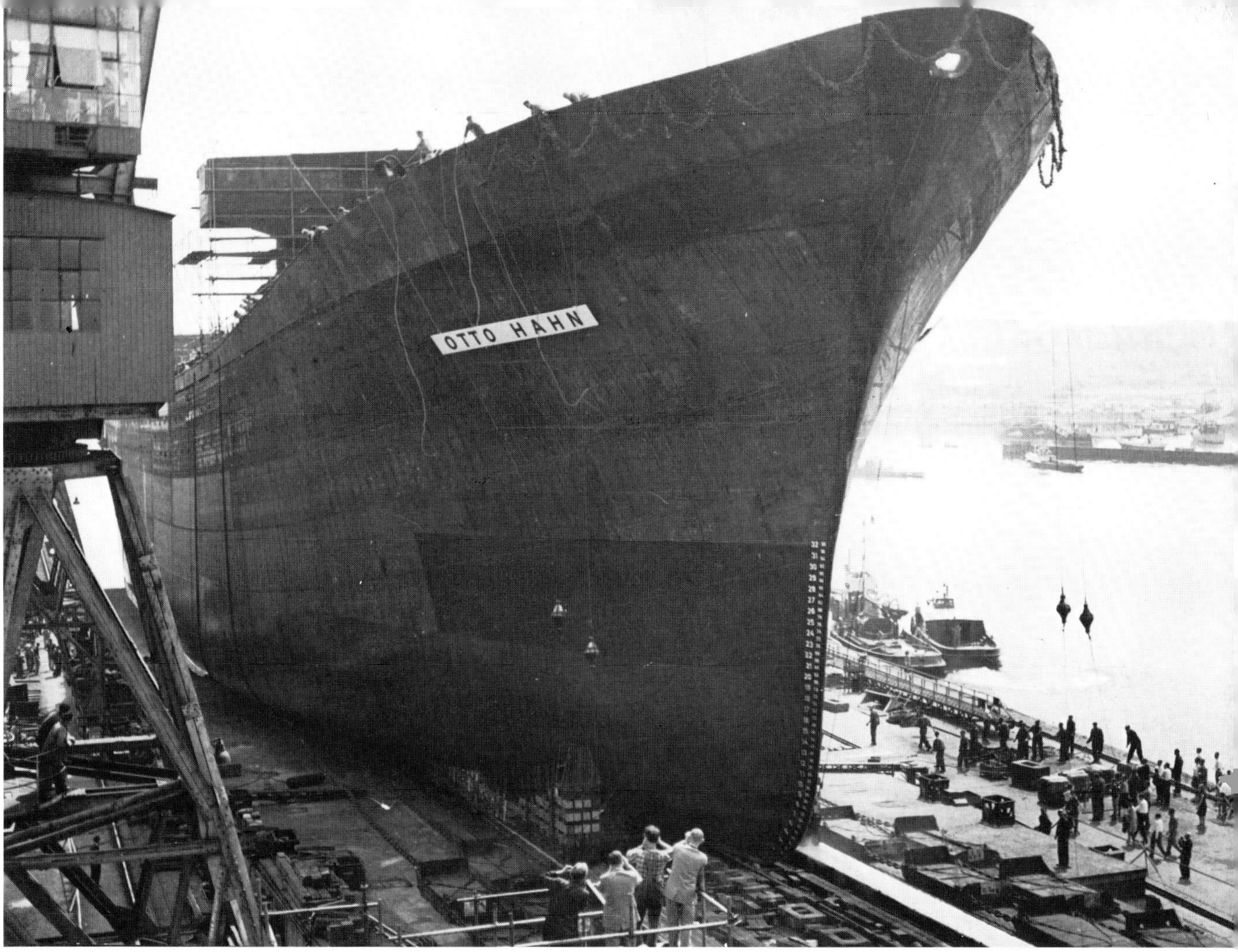

Stapellauf der »Otto Hahn« am 13. Juni 1964

Stille damit, eine Weltmarktlücke auszufüllen: Per Schiff und sauber filetiert schickte sie Kieler Fisch über den »großen Teich«. Analytiker des US-Marktes entdeckten nämlich ein für westdeutsche Fischerei devisenbringendes Produktionsloch und ließen Gefrierfisch aus Germany zum Exportschlager werden. Verpackt und verschweißt ließ man die bei minus 32 Grad unter eisigem Frosthauch transportfest gemachten Nordmeerbewohner einen Parcours von Kiel über Bremerhaven bis ins Kühlhaus von Baltimore durchstehen. Danach ging es in irgendeine New Yorker Pfanne, deren Besitzerin wohl kaum ahnte, daß ihr Mittagessen an der Schwentine vorbereitet wurde. Seit Anfang April 1959 kam eine andere Produktionsart hinzu. Etwa 12000 Zentner Kabeljaufilet lagerten regelmäßig ungefähr drei Wochen lang unter 5–10 Meter langen, 20000 Zentner schweren Salzwällen. Salz sollte den Fischfilets bei ständigem Luftzug durch Luken und Dachöffnungen Feuchtigkeit bis zum Härtezustand entziehen. Als Hauptabnehmer rissen italienische Fischgroßhändler den Kielern ihren Salzfisch förmlich aus der Hand, um ihn nach Afrika und in den Orient weiter zu verkaufen.

Trotz Demontage der alten Werften erreichte Howaldt als einziger erhaltener Schiffbaubetrieb nach erfolgten alliierten Produktionslockerungen beachtliche Leistungen. Greifen wir aus der Fülle der technischen Nonplusultras das am 17. September 1963 mit seiner Kiellegung für Schlagzeilen sorgende erste Atomschiff Westeuropas heraus. 1962 schloß die damals größte kontinentale Werft mit der »Kernenergieverwertungs-Gesellschaft für Schiffbau und Schiffahrt« den Bauvertrag ab. Seitdem rauchten die Ingenieurköpfe über den werfteigenen Zeichenbrettern. Schon mehrfach klügelten hier die Schiffskonstrukteure epochale Ideen aus: Das erste U-Boot der Welt (der »Brandtaucher«), das erste mit einem Kreiselkompaß betriebene Schiff (der Kreuzer »Undine«) oder das weniger erfolgreiche Flettnersche Rotorschiff, das auf neuartige Weise die Windkraft ausnutzen sollte. Um das Thema »Energie« ging es auch bei besagtem Schiffsneuling. Seine Zukunftsaufgabe lautete, in praktischer Erprobung Erkenntnisse über den Atomantrieb von Schiffen zu gewinnen und auf diese Weise die Konkurrenzfähigkeit des deutschen Schiffsbaus für die Zukunft sicherzustellen. Mit 56 Millionen DM, von denen die Euratom 16 Millionen zur Verfügung stellte, kein billiges Pionierprojekt. – Die Bauarbeiten gingen termingerecht voran, so daß es am 13. Juni 1964 pünktlich um 12.35 Uhr (die Redner hatten sich allesamt an die Redezeit gehalten) als »Otto Hahn« unter Sirenengeheul ins Wasser glitt. Frau Hanna Lenz, Gattin des Bundesforschungsministers, taufte es auf den Namen des anwesenden Göttinger Kernphysikers und Nobelpreisträgers, erkundigte sich allerdings vorher leise bei Werftdirektor Westphal: »Erst reden oder werfen?«

1975 erweiterte Kiels größter Familienernährer, Howaldt, seine Gaardener Kapazitäten für den Bau von Schiffen bis zu 700 000 Tonnen Tragfähigkeit. Das 426 Meter lange und △ 89 Meter breite Großdock wird seit August 1975 von rat- ▽ hausturmhohen Portalkränen überspannt

Trotz fortlaufend zerstückelter Historie lebendig gebliebene ▷ Tradition: Festzug der 1666 gegründeten Ellerbeker Buttgilde (1976), bei Brandgefahr seinerzeit ein Garant gegenseitiger Hilfe

Auktionshalle und Löschkai der 1948 gegründeten Seefischmarkt GmbH ▷

GOODYEAR

Blick in eine Räucherei, in der sich der durchschnittlich 12 cm lange Breitling zu dem seit Jahrhunderten geschätzten friedlichen Symbol Kiels verwandelt: in die »Kieler Sprotte«

Salzberge zur Trockenfischverarbeitung (1959)

Bis 1. Oktober 1965 unterhielt die »Blaue Linie« der Reederei A. C. Hansen einen Pendelbetrieb zwischen Schwentinemündung und Reventlou – bzw. Seegartenbrücke. Ihr gesamter Schiffspark ging an die KVAG über, die noch einige Jahre die Schiffe Ute, Nöck, Puck und Concordia verwandte. Alle übrigen Dampfer, wie z. B. der im Juni 1956 vor der Holsatia-Mühle fotografierte »August«, wanderten in die Schrottöfen ▷

Die zwischen 1869 und 1873 gebaute Heuck'sche Mühle in Wellingdorf verschwand 1973 als letzte ihrer Art aus dem Stadtbild ▷

AUGUST
KIEL

LEBENSMITTEL
Eier

Wirtschaftlich machte das Ostufer also wieder gute Fortschritte, Kiels Fleischtopf zu werden. Städtebaulich ging es den umgekehrten Weg. Grund genug, so der Allgemeine Kieler Kommunalverein, die Ostuferbewohner im Januar 1951 zu einer Diskussion im Volkspark-Versammlungshaus zusammenzutrommeln. Den ohne schützendes Vorzimmer erschienenen Stadtvätern verging Hören und Sehen! »Wir sind hergekommen, um zu nörgeln und zu meckern«, mußten sie sich sagen lassen, als ein Gaardener gleich eine Anzahl von Anfragen allzu stürmisch von seinem Zettel herunterlas. Alle Teilnehmer redeten ziemlich frei von der Leber weg und sagten, wo sie der Schuh drückte. Sogar Kritik am heiligen Andreas (Gayk) war zu hören, der angeblich sein großzügiges Wiederaufbauversprechen auf dem Ostufer nur mangelhaft eingelöst haben sollte. »Uns fließt die Suppe vom Teller«, mäkelte der nächste und spielte dabei auf die schiefen Häuser am Vineta-Platz an, die wegen des morastigen Untergrundes fortlaufend sackten. Aus der anderen Ecke: . . . »Und die verbreiterte Schwentinebrücke!«, echote wieder ein anderer. Die Stadtvertreter zogen sich elegant aus der Affäre. Immer, wenn es brenzlig wurde, dachten sie wohl an den Spruch, der dem Rathausturmglockenspiel anhaftet und verwiesen im allgemeinen auf das fehlende Geld. Eine Brücke zum Westufer – das alte Traumprojekt waghalsiger Stadtgestalter – kam nicht zum Zuge. Statt dessen öffnete man den Ost-West-Flaschenhals durch eine Verbreiterung der Gablenzbrücke. Im Juli 1956 war es soweit. Verkehrsengpässe sollten mit der über die Stahlbrücke in die (ebenfalls verbreiterte) Werft-

Die 1897 eröffnete Kleinbahn »Hein Schönberg« stellte sich ab 1953 allmählich auf Triebwagen um und schickte 1962 die letzte Dampflok in die Salzwiesen

Durch seinen Abbruch wurde der vom Kieler Architekten Johann Theede 1910–1912 für die Segeberger und Schönberger Kleinbahn gebaute Kleinbahnhof im Mai 1973 zu einem Kapitel Kieler Verkehrsgeschichte. – Mit einem den gutsherrschaftlichen Ehrenhöfen ähnlich aussehenden Rasenrondell sowie breitem Aufgang und bekrönendem Uhrentum stand die ostholsteinische Herrenhausarchitektur des 18. Jahrhunderts dem Architektengedanken Pate

Seit der Kieler Woche 1967 rollt der Verkehr in Richtung Probstei über die neue Schwentinebrücke. Zuvor mußte er an der von J. A. Richter 1799 vollendeten Kornwassermühle (links) vorbei und sich durch ein zweispuriges Nadelöhr kämpfen. Rechts die Heuck'sche Mühle (Foto: August 1966)

straße rollenden Blechlawine der Vergangenheit angehören. Im Regen feierten die Bauarbeiter ihr Richtfest. Der Polier konnte gerade noch seine witzigen Verse heruntersagen, den traditionellen Korn in sich hineinschütten und alle Beteiligten loben. Dann ging es in Windeseile mit der bereitstehenden Sonderstraßenbahn zum Eisbeinessen ins Ballhaus Eichhof. – Als neuralgisches Verkehrsnadelöhr kostete die alte Schwentinebrücke viele Autofahrernerven. Von städtischer Seite hätte man am liebsten schon 1953 das neue Brückenbauwerk begonnen, aber es fehlte an Geld. So setzte die Stadt zehn Jahre später alles auf Bundesverkehrsminister Seebohm. Er sollte die in die Probstei führende Straße zur Bundesstraße erheben und damit eine finanzielle Beteiligung des Bundes ermöglichen. Bonn half, die ersten Rammen dröhnten im Dezember 1964, erste Autos rollten in der »Kieler Woche 1967« ohne Streß und Stau in Richtung Salzwiesen.

Auf besondere Art begrüßte Kiels Feuerwehr Oberbürgermeister Bantzer und verabschiedete den scheidenden Dr. Müthling. Über zwei ausgefahrene Leitern überbrachte sie dem alten und dem neuen Verwaltungschef Blumengrüße

Die sechziger Jahre holten das noch häßliche Ostufer fortlaufend in stadtplanerische Amtsstuben und – wie es ex post scheint – mit Erfolg. Im November 1961 wanderte die Jugendherberge vom alten Hotel Bellevue nach Gaarden. Derart zeitig hatte niemand ihren Umzug geplant, aber die im Bellevue zusammengebrochene Heizungsanlage machte einen dicken Strich durch den bauherrlichen Terminkalender. Die offizielle Einweihung des neuen Baukomplexes erfolgte im Beisein von Bundespräsident Lübke in der »Kieler Woche 1962«. Raummäßig mußte die Herberge eine schwere Hypothek tragen und in etwa jene Bettenkapazität erbringen, die Kiel in seinen Jugendherbergen vor dem Krieg anbieten konnte. Damals gab es am Klosterkirchhof, im Volkspark und Ecke Hindenburgufer/Kösterallee drei Unterbringungsmöglichkeiten. Ganz genau genommen existierte sogar noch eine vierte, die 1938/39 in der Admiral-Scheer-Straße (heutige obere Feldstraße) auf dem Gelände der heutigen Hebbel-Schule hochgezogen wurde. Jugendliche hatte das Gebäude nie beherbergt. Als der Krieg hereinbrach, nahm ihnen zunächst die Wehrmacht das Gebäude, dann, 1944, äscherten es Bomben ein. Zwei Jahre nach dem Umzug auf das Ostufer stand das alte Bellevue verwaist da. Ein Schandfleck in Kiels nobelster Gegend. Grau, erdig-muffig riechend, eingeschlagene Fensterscheiben, mit einem Wort: abbruchreif. Noch bevor die Abbruchfirma dem einstigen Erste-Klasse-Hotel im Louis-Seize-Stil zu Leibe rücken konnte, gingen in der Nacht zum 21. November 1963 der Dachstuhl und ein Teil des zweiten Stockwerks in Flammen auf. Jugendliche hatten, außer mit einem bißchen Liebe, auch mit Brennbarem gespielt. »Ach, du lieber Gott!« stöhnte Oberbürgermeister Müthling, als man ihm am nächsten Morgen vorrechnete, daß sich der Abbruch wegen Vernichtung von verwertbarem Material verteuern würde.

Aufbau und Abriß gaben sich auch auf dem Ostufer die Hand. Manches Kulturdenkmal verschonten Krieg und Demontage, die Stadtverwaltung wollte es anders. (Optisch) drohend kreiste sie die Heuck'sche Mühle in Wellingdorf mit Hochhäusern ein. Im Frühsommer 1973 lag sie schließlich zerschlagen da: ein Haufen Steine, Balkenreste, dazwischen noch die alten Mühlräder. Da hatte es die seit 1799 gegenüberliegende Mühle von J. A. Richter schon besser. Sie stand jedenfalls schon unter dem Schutz des Landeskonservators. – In Gaarden opferte die Stadt im Mai 1973 der Straßenerweiterung ihren an Gutshausarchitektur erinnernden Kleinbahnhof. Eng verband sich mit ihm »Hein Schönberg«, der nach seiner Jungfernfahrt am 7. Juli 1897 zunächst vom Kieler Hauptbahnhof her die Probstei erschloß.

Seit Beginn der sechziger Jahre wuchs das Kieler Hufeisen, eine zwischen Ost- und Westufer verlaufende Umgehungsstraße. Neben dem im Bau befindlichen Berufsschulzentrum entstand im Sommer 1961 die Verlängerung des Westrings zwischen Hasseldieksdammer Weg und Schützenwall

Bis 1964 dehnten sich Äcker, saftige Wiesen und kilometerweite Knicks im Westen Hasseldieksdamms aus. Sie stammten von einem Nebenhof – einem sogenannten Meierhof – des Gutes Quarnbeck, den der damalige Eigentümer, Hans-Heinrich von Kielmannsegg, in der zweiten Hälfte des 17. Jahrhunderts schuf und nach seiner Frau Metta von der Wisch benannte: Mettenhof. 1960 verkaufte der damalige Besitzer das Gebiet, so daß in der Kieler Woche 1965 der Grundstein für das Wohnungsgroßbauvorhaben gelegt werden konnte

Freigabe des Verkehrsknotens an der Waldwiese als Kernstück des Kieler Hufeisens (10. November 1967)

Bundeswohnungsbauminister Lauritzen reiste am 24. November 1967 zur Einweihung der zehnmillionsten bundesdeutschen Neubauwohnung nach Mettenhof

Opfer des Kieler Hufeisens wurde 1971 der über 360 Jahre alte Kieler Hof, als sich die Trasse der Stadtautobahn durch sein Gelände fraß

Am 25. März 1970 brachen Oberbürgermeister Bantzer (2. von rechts) und die Bürgermeister von Meimersdorf, Moorsee, Wellsee, Rönne und Russee mit ihren Vertragsunterschriften jenen Damm, durch den eine Eingemeindungswelle der Stadt einen Monat später die fünf Südgemeinden zuführte

Verlust des letzten Restes Hafenlandschaft durch Zuschüttung des dem Bootshafen vorgelagerten hakenförmigen Wasserarmes (»Bollhörn«) zur Platzgewinnung für Stückgut- und Containerverkehr (September 1972)

An jeder Station empfingen seinerzeit jubelnde Menschen den Zug. In Hagen grüßte ein Schriftband die Vorbeifahrenden: »Dies ist der Hof von Hagen, der läßt Euch sagen: wir liefern wenig Passagiere, doch Fische, Mehl und Säugetiere.« Als 1910 zusätzlich eine Segeberger Kleinbahnstrecke eingerichtet wurde, mußte der Kleinbahnhof in Gaarden-Süd zur Entlastung her. Ab 2. Dezember 1912 versah er für beide Linien seine Aufgabe. Nachdem »Hein Schönberg« 1954 den Hauptbahnhof als Abfahrtziel wählte, begann der von Theede entworfene Bau ein Schattendasein und wurde zu einem Kapitel Kieler Verkehrsgeschichte. Wohnhaus, eine Zeitlang Notkirche für Gaarden-Süd und Möbellager waren seine letzten Lebensstationen.

Anfang der sechziger Jahre war das Stadtbild weitgehend wiederhergestellt. Ein Verdienst der Oberbürgermeister Gayk und Dr. Müthling. Während Gayk sich in erster Linie mit dem reinen Wiederaufbau beschäftigte, fand Müthling die Zeit zur Vergrößerung des Stadtgebietes. Ab 1. November 1965 wehte ein frischer Wind im Rathaus. Müthling stand aus Altersgründen nicht mehr als Oberbürgermeister zur Verfügung, sondern wollte sich wegen seiner brillanten Finanzkenntnisse völlig der parlamentarischen Arbeit im Bundestag widmen. Die Ratsversammlung wählte im August 1965 mit breiter Mehrheit (34 Ja-, 7 Nein-Stimmen, 3 Enthaltungen) Günther Bantzer. Auf Bantzer kam ein Strauß guter Wünsche, ein Katalog von Problemen und eine Kette von Großbauvorhaben zu: die Vollendung des Kieler Hufeisens, der neue Stadtteil Mettenhof, der Altstadtputz und die schon überfälligen Sanierungen in Gaarden und der südlichen Innenstadt.

Der politische Grundstein zur Großbaustelle Mettenhof liegt noch vor der Ära Bantzer begraben. Um das Areal in seinem heutigen Umfang bebauen zu können, mußten Melsdorfer und Kronshagener zu Gebietsabtretungen und Eingemeindungen überredet werden. Ungehalten reagierten Melsdorfs Gemeindevertreter 1962, als Bürgermeister Doose ihnen vom Werdegang der (noch nicht perfekten) Eingemeindungsverhandlungen berichtete. Die Kieler hätten ihn nämlich zwei Jahre zuvor zu ersten Gesprächen in ihr Rathaus gebeten und dabei freudestrahlend schon fertige Bebauungspläne vor seinen Augen ausgerollt. Ein voreiliger Schritt, so die Melsdorfer. Endgültig verstimmt zeigten sich die Nachbargemeindler, als Kiel nach dem Vorliegen unterschriftsreifer Verträge plötzlich weitere Gebietserweiterungen wünschte und eine Eingemeindung Mettenhofs ohne das zu Russee zählende Heidenberggelände – angeblich – als unwirtschaftlich und uninteressant abwertete. Dieser Vorwurf schlug wie eine Bombe im Kieler Rathaus ein. Müthling fuhr wütend hoch: »Das können wir nicht hinnehmen«, und schob dem Rendsburger Landrat wegen dessen – ebenfalls angeblicher – Verzögerungstaktik den Schwarzen Peter über die Stadtgrenze. Das kommunale Wortgefecht wanderte schnell ad acta. Kiel erhielt sein gewünschtes Areal, so daß sich die ersten Bagger im November 1964 durch Wiesen und Äcker wühlen konnten. In der durch Höhepunkte (unter anderem der Freilichtmuseumseröffnung) vollgepackten »Kieler Woche 1965« legte man den Grundstein für Europas seinerzeit größte Baustelle. An Ort und Stelle, genau auf der Trasse der projektierten – umstrittenen – Autobahn, gossen Bauarbeiter in Rekordtempo Wolkenkratzer-Fertigteile. Ein Jahr später fuhren Möbelwagen in die erste der sechs geplanten Stadtzellen. Kiels Stadtprominenz kam und der ortsbekannte Bowler-behütete Drehorgelmann Onkel Leo lieferte mit seinem Leierkasten den musikalischen Einzugshintergrund. Ein weiteres Jahr darauf begingen die Städtebauer ein besonderes Jubiläum. Es galt der zehnmillionsten Wohnung, die seit Gründung der Bundesrepublik gebaut wurde und ausgerechnet in Mettenhof lag. Sie rundete gleichzeitig eine Kieler Statistikzahl ab, denn mit ihr konnten seit 1949 zum 51 000. Male Wohnungsschlüssel an glückliche Neumieter vergeben werden. Mettenhof zählt trotz auflockerndem Grün, Heidenberger Teich und breitem Bildungsangebot wegen steriler Reißbrettplanung und Hochhausanonymität zu den umstrittensten Projekten der Kieler Nachkriegszeit. Eine glücklichere Hand bewies die Landeshauptstadt da schon mit der 1964/65 verwirklichten Projensdorf-Planung. Auch hier gruppieren

sich Hochhäuser um den nach dem 1816 in Bornhöved geborenen Landschaftsmaler Charles Roß benannten Straßenzug. Projensdorf zeichnet sich aber durch eine menschenfreundlichere Konzeption aus: Man ließ die Einkaufsmöglichkeiten wieder in die Häuser zurückkehren und verbannte sie nicht in eigene Gettos. Irgendwelche unharmonischen (Bildungs-, Einkaufs-, Vergnügungs-) Zentren oder der Eindruck des städtebaulichen Schachbretts konnten gar nicht erst entstehen. Schade! Projensdorf hätte dem planerischen Gedanken für Mettenhof vorzüglich Pate stehen können.

Der Schüler des profilierten Hannoveraner Städtebau-Professors Rudolf Hillebrecht, Eberhard Kulenkampff, erläuterte am 20. Januar 1971 Kieler Bürgern die im Ratssaal aufgebauten Modelle zur Rathausplatzgestaltung

Stadtpräsidentin »Uns Ida« Hinz gab am 28. Juli 1972 Kiels ZOB frei

Der innerstädtische Hausputz forderte historische Relikte. Seit Anfang der siebziger Jahre trug sich die Bundespost am Eisenbahndamm mit dem Gedanken eines Neubaus. Obwohl bis heute nicht entstanden, rettete man vorsichtshalber im Juli 1973 die reichsdeutschen Adler des 1902 geschmiedeten Eisentores und hing sie im Vorraum des Hauptpostamtes auf

Zum Denkmaltorso degradiert fand die Laterne des alten Friedrichsorter Leuchtturms im März 1973 auf dem Bollhörngelände einen Abstellplatz, bis man sie im Januar 1977 am Bootshafen auf eine Stahlplattform hievte und zur Schau stellte ▷

Die Bollhörn im Januar 1963, als an einen keine Idylle duldenden Binnenhafen noch nicht zu denken war ▷

Beim Abbruch des Landeskellers und seiner friesischen Kachelstube verlor die Stadt 1970 wegen des Hertie-Baues ein letztes historisches Restaurant. Nostalgisch aufgemachte Gastronomie, wie z. B. das 1968 in der Eggerstedtstraße kulissenhaft aufgebaute »Alt Kiel«, konnte dieses Manko nicht ausgleichen

PACO1
KIEL

Kiels Altstadt im Mai 1966: Noch sind im Vordergrund Reste der Häuserzeile zu erkennen, die den Wall vom ehemaligen Straßenzug »Hinter der Mauer«, »Zum Kuhfelde« und »Torstraße« trennte. Rechts das letzte Stück Fischerstraße/Wall. Auf dem Parkplatzgelände zwischen Schuhmacher- und Fischerstraße steht seit 1968 ein Parkhaus mit Ladenzeile. Rechts davon beginnen die Arbeiten zur Anlage der Eggerstedtstraße

1970 verschwand gegenüber Fischhalle und Seegarten die Ecke Fischerstraße/Wall – und damit erneut ein Alt-Kieler Straßenname. Auf dem Gelände des Hauses Wall 72a (»Zillertal«) steht seit 1972 – ebenfalls mit Brütts Seemannsfigur – der NDR-Erweiterungsbau

△▽ *Hinter der Straßenecke Fischerstraße/Wall wuchs im Mai 1970 Kiels neue »Küste«*

Während der Erweiterungsarbeiten des Walls stießen Frühgeschichtler im Herbst 1973 auf einen 40 Meter langen Stadtmauerrest sowie auf die Apsis der Kapelle »Unserer lieben Frauen«, deren Äußeres der Stich von Braun und Hogenberg (1588) dokumentierte

Parallel zum Hochbau wuchs Kiels Autoverkehr aus seinen Kinderschuhen heraus. Der in den fünfziger Jahren als vorbildliches Verkehrsgelenk gelobte Berliner Platz erwies sich schon Ende desselben Jahrzehnts als zu klein. Immerhin leisteten sich 1962 schon 36 600 Kieler einen Pkw. Ihre Zahl stieg ständig, so daß der Ruf nach dem »Kieler Hufeisen« laut wurde. Es sollte nach dem Willen der Anfangsplaner einmal eine ungehinderte Durchfahrtsmöglichkeit von der Schwentinebrücke, über Ost- und Westring bis zur Holtenauer Hochbrücke geben. Ein weitgestecktes Ziel, dessen Erfüllung im November 1963 bei Regen und Hagel mit der Einweihung der Friesenbrücke begonnen wurde. Der Verkehrserleichterung stand eine schwere Bürde der Kieler Kleingärtner gegenüber. Planierraupen fegten in dem vom Ex-Stadtbaurat Hahn angeregten, ebenfalls hufeisenförmigen Kleingartengürtel allein in den Jahren 1950 bis 1963 1500 private Gemüseplantagen weg. Am meisten schlug die naturgefräßige Stadt in Mettenhof und am Westring zu. Im Sommer 1964 verwandelte sich ehemaliges Gartenland zwischen Schützenwall und Saarbrückenstraße in eine schmutzig-staubige Sandbahn. Gleichzeitig rückte die 1412 geborene Große Grüne Schützengilde aus grüner Abgeschiedenheit heraus und liegt seit 1972 am Autobahnanfang wie auf dem Präsentierteller. Seit jenem Olympia-Sommer bekam Kiel als letzte Landeshauptstadt der Republik einen Anschluß an das nationale Autobahnnetz. – Kiels 725. Geburtstag bot den äußeren Anlaß, das Kernstück des Kieler Hufeisens einzuweihen. Mit seinem Wunsch »Alles Gute und wenig Unfälle« machte sich Oberbürgermeister Bantzer mit Honoratioren von Stadt und Land, Ehrengästen und Kieler Bürgern am 10. November 1967 auf den Weg, den Theodor-Heuss-Ring zu erwandern. Nächste Teil-

Trotz aufstrebender Moderne zählt auch das Kiel der siebziger Jahre ein Original zu seinem Eigen: Einen ständig mit etwa fünf bis zehn streng parierenden Vierbeinern durchs Stadtbild ziehenden Hundefreund

stücke sollten der zweistöckige Ausbau des Barkauer Kreisels, die Verbindung zur Schwentinebrücke, eine Stadtautobahn und eine Zwillingsschwester der »zu eng« gewordenen Holtenauer Hochbrücke sein. 1971 fand diese Jahrhundertbaustelle mit dem beim Holstein-Sportplatz gelegenen »Kieler Hof« ein stadtgeschichtliches Opfer. Beim Betreten seines Geländes fühlte sich der Betrachter an ostholsteinische Herrenhäuser erinnert, obwohl das nach einem schweren Brand 1902 errichtete Gebäude nichts mit Gutsherrlichkeit zu tun hatte. Die Stadt siedelte an dieser Stelle 1607 einen Holzvogt an, der peinlich genau auf die seinerzeit reichen Waldbestände achten mußte. Kiel traute nämlich den benachbarten Kronshagenern nicht so recht über den Weg. Aus dieser Holzvogtstelle, der sogenannten »Greberkathe«, entwickelte sich nach der Ausbeute des Waldes 1849 der »Kieler Hof« als ländliches Gewese.

Ein weit vorausblickender Stadtausbau konnte nur unter entsprechender Einbeziehung des Umlandes garantiert werden. Schon 1955 trug sich Kiel mit Heiratsgedanken und freite um alle angrenzenden Gemeinden. Kronshagen, Klausdorf, Heikendorf und Mönkeberg winkten ab; Oppendorf formulierte den erteilten Korb etwas dezenter und wollte »noch abwarten«. Glück hatte Kiel zunächst nur im Nordwesten. Das 1269 vom Chronisten im ältesten Kieler Stadtbuch bedachte Suchsdorf gab ihr am 15. November 1956 sein Jawort und gesellte sich ab 1. April 1958 als nahezu gleichaltrig zur großen Schwester. Von alters her gab es durch die Kirchspielzugehörigkeit Suchsdorfs zu Kiel zwischen beiden Orten gewachsene Beziehungen – also nicht erst seit der Zeit marschierender Ausflüglerheere, die in der 1896 aus der Kantinenbaracke »Louisenhöhe« hervorgegangenen Kanalgaststätte »Margarethental« zum Kaffeetrinken einkehren.

Ab 1. April 1959 ließ das finanzschwache Schilksee die Stadt durch seine Eingemeindung nach Norden hin expandieren. Elf Jahre später breitete sie sich fächerförmig nach Süden hin aus, als Meimersdorf, Moorsee, Wellsee, Rönne und Russee für städtischen Zuwachs sorgten.
Wer die ersten Bauwellen nach dem Krieg nicht miterlebte, konnte Versäumtes Anfang der siebziger Jahre nachholen. Die goldenen Siebziger, politisch gekennzeichnet durch Ost-West-Entspannung und wirtschaftliche Stabilität, brachten der Bauwirtschaft einen neuen Boom. Unverkennbar für denjenigen, der seinen Fuß aus dem Hauptbahnhof setzte. Es tat sich etwas auf dem Gegenüber. Der alte Platz, jahrzehntelang zentrale Busabfahrtstelle und einzig mit einem behelfsmäßigen Süßwarenkiosk verziert, vertauschte 1971 seine Unansehnlichkeit mit einem richtigen Zentralomnibusbahnhof (sprich: ZOB). Ideen hierzu gab es in rauhen Mengen seit Mitte der fünfziger Jahre; die Stadt winkte ständig ab, weil sie den Bau einerseits nicht in privater Hand sehen wollte, andererseits selbst noch über eine leere Brieftasche klagte. Erst 1972 machte das Olympiafieber Unmögliches möglich und ließ »Uns Ida« Hinz, seinerzeit einzige bundesdeutsche Stadtpräsidentin, das weiße Eröffnungsband durchschneiden. Der neue ZOB kann als Bau nicht isoliert betrachtet werden, sondern bedarf einer Einbeziehung in die innerstädtische Verkehrsplanung. Erklärtes Ziel war es, den dortigen Fußgängerverkehr über Brücken zu leiten, ihn gewissermaßen in der – überdachten – ersten Etage abrollen zu lassen. Den Anfang machte im August 1972 die zwischen Bahnhof und ZOB eingehängte Verbin-

Kiels Altstadt etwa 1965, noch ohne gestalteten Marktplatz und mit Böllhorn im Anschnitt

1971 wühlten Kiels Stadtplaner das historische Stadtherz um. Links die herauspräparierten Rathausgewölbe, rechts Fundamente der heutigen Pavillons sowie die Nikolaikirche

Nach anfänglichem Kampf zwischen Stadt und Denkmalspflegern entschied sich Kiel letztlich zum Erhalt von sechs der ehemals vierzehn gotischen Gewölbe des 1348 erwähnten Rathauses am Alten Markt (Foto: September 1973) ▷

Januar 1972: Neubebauung und Nikolaikirche von der Küterstraße aus gesehen ▷

esc
KI-AJ 930

Kiels Stadtbildgestaltung stand seit Ende der sechziger Jahre im Zeichen der Olympischen Spiele 1972, deren Schilkseer Zentrums-Modell OB Bantzer vor interessierten Bürgern erläutert

◁ *Dr. Rüdel, einer der Marktbebauungs-Initiatoren, empfängt am 1. September 1972 vom federführenden Architekten, Wilhelm Neveling, den symbolischen Marktschlüssel*

◁ *Wie bei der Markterneuerung waren es Kieler Kaufleute, die sich in der »Fördergemeinschaft lebendiges Kiel« zusammentaten und den 1912 eingeschlafenen Kieler Umschlag zum neuen Leben erweckten. Barock-Bürgermeister Asmus Bremer, Leitfigur des seit 1975 abrollenden Wintervolksfestes, errang schnell allgemeine Popularität*

dungsbrücke. Der Anreisende kann seitdem oberhalb des Autostroms überfüllte Butterdampfer erreichen oder seit Frühjahr 1974 via die Herzog-Friedrich-Straße unschön zerschneidende Blechüberdachung in den Holstentörn gelangen. Eine bestechend attraktive städtebauliche Idee, deren Stadtbildopfer nicht vergessen werden dürfen. Ähnlich den fünfziger Jahren, in denen die klassizistischen Häuser Walkerdamm 2a, 2b und 10 verschwanden, gehörte das Wohnhaus des Dichters Detlev von Liliencron in der Herzog-Friedrich-Straße seit dem Hertie-Bauvorhaben der Stadtbildgeschichte an. Ecke Sophienblatt/Ziegelteich räumten die Kieler für das neue Kaufhaus ihre letzte Erinnerung an das Gebäude des alten Thaulow-Museums fort und büßten den Landeskeller als letzte Traditionsgaststätte ein. Die Proportionen an dem einst als Boulevard konzipierten Sophienblatt stimmten dadurch nicht mehr; eine zusätzliche Straßenerweiterung nahm der alten – wirklich großstädtischen – Geschäftsstraße ihren Maßstab. Kiels ungenierte Abbruchfreude kam also auch in jüngster Vergangenheit nicht zum Stillstand, anders als vergleichsweise in Hamburg, das bereits in den fünfziger Jahren die an der Förde vielfach verschmähte wilhelminische Bebauung vorzüglich restaurierte. Nach Verlassen von Holstentörn und Holstenplatz, der im Zuge der Umgestaltung von unschönen Autoparkplätzen befreit wurde, erreichte man den Rathausplatz. Dort lagen seit 1970 über seine ganze Fläche meterhohe Sandhaufen verteilt, die durch ihr Gewicht den bekanntlich wackeligen innerstädtischen Baugrund festigen sollten. Als Stadtbaurat Eberhard Kulenkampff der Öffentlichkeit die Bebauungsmodelle für Kiels gute Stube vorstellte, kam es mit der Bevölkerung zu turbulenten Diskussionen. Kulenkampff wollte den Platz wegen einer geplanten Halbtiefgarage mit einer bis 2 Meter ansteigenden Rampe versehen. Dem freien Ausblick auf das Rathaus hätte er damit auf der Linie des ersten Stockwerkes ein Ende bereitet. – »Parteitagstribüne«, wetterten seine Kritiker. Mahnend richteten Stadtgeschicht-

Kiels Fotogeschäfte meldeten »ausverkauft«, als in den Tagen nach der ersten Windjammerparade (3. September 1972) die Großsegler an der Blücherbrücke zur Besichtigung freigegeben waren

ler und Denkmalsfreunde ihre Zeigefinger auf das verbaut zu werdende Jugendstil-Rathaus. Ihr Protest trug Früchte, ließ Kulenkampffs Rampe auf etwa 1,50 Meter sacken und bescherte dem Platz 1972 sein heutiges Aussehen. Weniger kompromißbereit ging es bei der Neugestaltung des Alten Marktes zu. Vor dem großen Umwühlen zeigte er sich herb, degradiert zur Abstellfläche für Kraftfahrzeuge, mit nackten, kalten Fassaden als Ergebnis einer konzeptlosen Wiederaufbauwut, nur wenig belebt durch letzte Rudimente wilhelminisch-historisierender Architektur. Im November 1970 griff der erste Bagger in die unter der Teerdecke begrabenen 14 Rathausgewölbe. Im Jahr darauf lagen Gurtmauer und sechs von ihrem Zustand her erhaltungswürdige Gewölbe wie ein rechteckiger Kasten herauspräpariert in der Baugrube da. Die geborgenen »klosterformatigen« Backsteinbrocken (etwa 13×10×30 Zentimeter), von kaum einer Ziegelei mehr gebrannt, mußten für die Restaurierung Stück für Stück geputzt werden und gaben den Bauarbeitern das Gefühl einer Trümmerfrauenbeschäftigung. Zuvor lieferten sich – wie schon etliche Male – Stadt- und Denkmalsamt einen kulturellen Ringkampf. Dem Landeskonservator war Kiels Abbruchfreude zu bunt geworden. Er wollte retten, was zu retten war, und stellte den rathäuslichen Kellertorso unter seinen Schutz. Die Stadt rief zunächst die Schleswiger Verwaltungsrichter zur Entscheidung an, wandte sich aber plötzlich von der Gefahr einer kulturellen Selbstzerfleischung ab und ließ die Bauarbeiter renovieren. Die veröffentlichten »Marktlandschafts«-Modelle, kombiniert mit einem – erfolglosen – »Meckerbuch« bei Juwelier Germeck, trafen nicht nur einen empfindlichen Nerv der kühlen Nordstädter, sondern ließen den Volkszorn förmlich detonieren. Sein allgemeiner Tenor ging dahin, das Projekt als historisch untragbar hinzustellen. Da sich über Geschmack bekanntlich streiten läßt, gibt ein Antwortversuch auf jene Frage mehr her, ob Kiel mit der Marktbebauung sein städtebauliches Klassenziel erreicht hat. Schuf der übergestülpte »Platz im Platz« eine »Oase der Ruhe«, ein Mehr an Kommunikation? Tagsüber durchaus; ab 18 Uhr verstummt die auf den Planungsbrettern verordnete Urbanität. Die zwischenmenschlichen Beziehungen machen Ladenschluß. Die Wurzel dieses Übels steckt nicht nur in einer als verfehlt angeprangerten Marktbebauung, sondern in Stadtflucht und Kommerzialisierung. Der Markt hielt stellvertretend für die gesamte tote Altstadt seinen Rücken hin. Die Stadtverwaltung der siebziger Jahre versuchte, Fehler der Nachkriegsgeneration zu glätten. Sie holte Kiels Künstler vor das Publikum auf den Markt, organisierte Dichterlesungen oder Musikveranstaltungen. Aber es wurde nicht nur »von Amts wegen« mehr Farbe in die einseitig ausgerichtete Altstadt getragen. Unter den kulturellen Privatinitiativen ragen die vom Buchhändler Eckart Cordes ausgerichteten Autorenabende als Begegnungsstätte zwischen zeitgenössischen Literaten und ihrem Publikum heraus. Siegfried Lenz, Joachim Fest, Jean Améry, Günter Grass, Peter Handtke, Walter Kempowski, Golo Mann oder Martin Walser . . . die Reihe ließe sich auf weit über 200 international beachtete Schriftsteller erweitern. Sie alle reisten an und gaben sich bei der Fülle der Veranstaltungen die Klinke in die Hand. Die im wesentlichen von Kieler Kaufleuten gebildete »Fördergemeinschaft lebendiges Kiel« kurbelte 1975 den Kieler Umschlag wieder an. Nicht als Geldumschlag, sondern als winterliches Volksfest-Pendant zur »Kieler Woche«. An seine Leitfigur, den barocken Stadtvater Asmus Bremer, gewöhnten sich die Kieler des Atomzeitalters derart rasch, daß sie ihm den Platz vor den Kieler Nachrichten widmeten. Von schwermütigen Holsteinern war in den tristen Wintertagen nichts mehr zu spüren.

Stadtgeschichtliche Emotionen schlugen 1973 erneut Wellen, als es unweit der Eggerstedtstraße zur Auslöschung der Jugendstil-Fischhalle kommen sollte. Kiels Wirtschaftsausschuß beschloß ihre Vernichtung zugunsten von Pkw-Abstellspuren für den Oslo-Kai. Landeskonservator Dr. Beseler reagierte schnell und stellte sie unter Denkmalschutz. Die Stadt wollte es besser wissen und bestritt – erfolglos – gegenüber dem anerkannten Fachmann die Bedeutung des Kulturdenkmals. Kultursenat und Parteien warnten die eigene Behörde vor einer weiteren Zerstücke-

Wie ihre große Namensvetterin teilte sie das zeitliche Schicksal: Aufstieg in einer Zeit der Verblendung, Zerbombung, Hebung vor dem Bahnhofskai, Gefahr der Auslieferung an die Russen, Wiederaufstieg als Ausflugsdampfer – die »Stadt Kiel«. Erst als die Stadt endlich den Anschluß an die Moderne geknüpft hatte, brauchte sie den 1934 gebauten Veteranen nicht mehr. Am 29. Dezember 1976 dampfte er aus der Förde zum Weg in den Schrottofen. Als er sich mit seinem langen Brummton verabschieden wollte, klemmte das alte Typhon und ließ sich nicht mehr abstellen. Wie »ein Tier, das kriechend weggeschleppt wird«, erkannten die Kieler Nachrichten

lung der Stadtlandschaft und erreichten schließlich, daß die Ratsversammlung 1975 auf Antrag der Liberalen die ersten notwendigen Mittel zur Renovierung der Fischhalle genehmigte. Der Startschuß für ein Schiffahrtsmuseum war abgefeuert worden. Ein anderes Altstadtprojekt sorgte gut acht Jahre zuvor für Gesprächszündstoff. Zwei Stunden lang diskutierte die Ratsversammlung am 18. Februar 1965 den SPD-Antrag, die neue hinter der Nikolaikirche gedachte Entlastungsstraße in »Otto-Eggerstedt-Straße« zu taufen. Kaum beantragt, schien der Teufel los zu sein. Dabei ließ nicht der den mittelalterlichen Stadtgrundriß berührende Straßenbau, sondern die gewünschte Namensgebung die Opposition vor Wut rot werden. Am besten charakterisierte FDP-Ratsherr Sichelschmidt den drohenden Wegfall dreier historischer Straßennamen als – nach der Haßstraße 1949 – zweiten gravierenden Eingriff in den Stadtgrundriß: »Im Zeichen der Logik ist es ganz gut anzuhören, wenn aus drei Straßen (Anmerkung: Pfaffen- und Burgstraße, Nikolaikirchhof) ein Straßenzug mit einem einzigen Namen werden soll. Aber alte Namen tragen eine Patina wie alte Kirchen . . . Die Ehrung eines Mannes kann nur gebilligt werden, wenn der Wille der ganzen Stadt dahinter steht. Vielleicht hätte auch Otto Eggerstedt selbst zu einer Namensnennung in diesem Altstadtgebiet »nein« gesagt, wenn damit Traditionswerte verlorengingen.« In der Hoffnung, die Sozialdemokraten würden sich bis zur nächsten Zusammenkunft alles noch einmal durch den Kopf gehen lassen, beantragten Unionschristen und Freidemokraten die Vertagung des heiklen Tagesordnungspunktes. Bis dahin fand Ratsherr Schäfer in letzter Minute die es allen recht machende Lösung. Die Burgstraße sollte ihren Namen unverändert weitertragen; zwischen ihr und dem Wall sollte an den Widerstandskämpfer Eggerstedt erinnert werden, der Platz um die Stadtkirche sollte Nikolaikirchhof bleiben und die sich mit der ursprünglichen Pfaffenstraße deckende Karstadt-Anliegerstraße sollte den historischen Namen fortführen. »Heureka« dachten die Ratsmannen und taten, wie ihnen vorgeschlagen. »Na also«, meinte KN-Kielius am anderen Tage genüßlich. Ratsherr Sichelschmidt kam durch das Namensdebakel anscheinend erst richtig in Stimmung.

Er wollte die alte »Klinke« auf dem heutigen Asmus-Bremer-Platz wieder erstehen lassen. Das war allen Geschichtsfreunden zuviel der Historie und außerdem wegen der völlig anderen Lage der ehemaligen »Klinke« ein geschichtlicher Fehler. Sichelschmidt gab nach.
Eigentliche altstädtische Hauptentlastungsstraße wurde der Wall auf Kosten des parallelen Straßenzuges »Zum Kuhfelde«, »Hinter der Mauer« und »Torstraße«. Die vom Krieg verschont gebliebenen Häuser, in deren Lokalen unzählige Seeleute »vor Anker« gingen, mußten wegen der Verbreiterung abgebrochen werden. Doch man dachte gleichzeitig an die Vertreter der christlichen Seefahrt und ließ wenige Meter hinter dem »Zillertal« neue Ankerplätze entstehen. – Zur Überraschung kam es im Oktober 1973, als Baggergreifer Feldsteine und Granitquader zum Vorschein brachten. Unter den Schaufeln der herbeigerufenen »Arbeitsgemeinschaft für Vor- und Frühgeschichte« breiteten sich die Grundmauern der Kapelle »Unserer lieben Frauen« aus. Zusammenhängend, fast vollständig im Grundriß erhalten, bot die Apsis einen Eindruck von der Größe des ehemaligen Gebetshauses am Hafen. Sie schloß als ein regelmäßiges Halbrund den rechteckigen Kapellen-Saalbau in seiner vollen Breite von etwa zehn Metern nach Osten hin ab. Uber seine genaue Bauzeit ließ sich nichts Neues herausfinden, so daß man – auf Urkunden gestützt – 1417 als Baujahr vermuten kann. Arbeitsgemeinschaftsleiter Uwe Albrecht zeichnete dessen Schicksal 1976 in einem Grabungsbericht auf: »Auf seinen Grundmauern, die (Anmerkung: nach dem 1823 erfolgten Abbruch) verschont blieben, errichtete der Kaufmann Franz Langbehn ein Packhaus. An die Stelle des von den Fundamenten her vorgegebenen Halbrundes der Apsis setzte er einen oktogonalen Ostschluß, der jetzt, mit einer großen Tür versehen, zur Eingangsfront wurde. Ein turmartiger Windenaufzug mit Ladeluken für die einzelnen Speicherböden wurde seitlich zum Schuhmachertor hin eingebaut. Nach 1867, als der Speicher an August Sartori überging, der dort sein Kontorhaus einrichtete, baute man das Erdgeschoß in neugotischen Formen mit großen Fenstern und einem entsprechenden Portal um. Am 3. März 1886 vernichtete ihn ein Schadenfeuer bis auf seine Grundmauern, woraufhin die Firma Sartori & Berger ein dreigeschossiges Geschäftshaus über den Rest des Altbaues errichten ließ. Letzteres zerstörten schließlich die Bomben des Zweiten Weltkrieges. Durch alle Erneuerungen und Zerstörungen hindurch jedoch bewahrten sich über mehr als ein halbes Jts. die im späten Mittelalter in den Boden gesetzten Fundamente.«
Den großen städtebaulichen Hausputz ließ die Stadt vorwiegend im Hinblick auf die Olympischen Segelwettkämpfe 1972 ausführen und fünf Minuten vor zwölf fertig werden. Schon 1966 ging die Landeshauptstadt in die Startlöcher, um den Zuschlag für die Ausrichtung der maritimen Völkerspiele zu bekommen. Als Hauptkonkurrent klopfte Lübeck – ebenso wie Kiel – im Mai 1966 an die Tore des NOK, obwohl das IOC die Spiele noch nicht einmal an die Bundesrepublik vergeben hatte. Am 18. März 1967 beschloß die Mitgliederversammlung des Organisationskomitees, die Regatten zum zweiten Male in ihrer Geschichte an Kiel zu vergeben. Hochstimmung an der Förde, denn die »Olympiastadt« konnte die »Marzipanstadt« als Mekka der Segler schlagen. Nach der verständlichen Hansestadt-Enttäuschung versuchten die im Mittelalter aus der Hanse hinausgeworfenen Kieler die Wogen mit der Nachbarin zu glätten. Die Ratsversammlung beschloß, eine Delegation der »Königin der Hanse« zu den Olympischen Segelwettkämpfen einzuladen. »Bedauern kann ich eigentlich nur«, resümierte Stadtpräsident Köster, »daß sich zwischen die beiden Nachbarstädte Lübeck und Kiel eine dunkle Wolke geschoben hatte. Ich würde es außerordentlich begrüßen, wenn wir als Nachbarstädte, so wie es in den letzten Jahren immer der Fall war, auch künftig kommunalpolitisch vertrauensvoll miteinander arbeiten.« Fünf Jahre danach sah Kiel seine »heiteren Spiele«, wie die Presse den deutschen Völkersportkampf lobte. Aber Anfang September 1972 fuhr den Fördebewohnern und seinen Gästen die Nachricht vom Münchener Massaker in die Knochen. Die 17 Toten von Fürstenfeldbruck ließen Olympias Fahnen auf halbmast wehen.
Noch wenige Tage zuvor ahnte niemand den PLO-Überfall auf die jüdischen Sportler, als sich der Vorhang für ein Jahrhundert-Spektakulum auf der Förde hob: Etwa einhunderttausend Schaulustige zog es bei strahlend-blauem Himmel zur Windjammerparade in die Hauptstadt. Bellevue, Hindenburgufer, Laboe, die Steilküste – alles war von filmkamerabehängten Menschentrauben bedeckt. Kaum einen, der ein Segel- oder Paddelboot besaß, hielt es an seinem Liegeplatz. Alles, was Ruder hatte, schwabbelte den Windjammern entgegen und ließ Kiels Wasserschutzpolizei resignieren. Dazwischen viel Prominenz auf Begleitbooten; Ingeborg Hallstein, Peter Frankenfeld, Bundes- und Landesminister, Helmut Schmidt und Kanzleraspirant Rainer Barzel. 65 Großsegler nahmen Kurs auf die Förde. Allen voran Polens »Dar Pomorza«, bis 1918 Deutschlands »Prinzeß Eitel Friedrich«. Dahinter schoben sich die Gorch Fock, die amerikanische »Eagle« (vormals Deutschlands »Horst Wessel«), Columbiens »Gloria«, Dänemarks »Danmark« und die norwegische »Christian Radich« in den Hafen. Mancher Seebär reiste von weither an, um die Seeveteranen – oft einstige Lehr- und Leidensstätte – mit Tränen in den Augen wiederzusehen. Selbst Bundespräsident Dr. Heinemann meinte beeindruckt: »So etwas Schönes habe ich noch nie gesehen!«
In der Tat setzte sich damit das aus farbloser Zeit neuentstandene Kiel nach seinem farbenfreudigen Umbau der siebziger Jahre einen historischen und gleichzeitig einen den Fördecharakter betonenden Akzent. Obwohl ohne nennenswerte Altbauten und prägende Kultur kann der von Jens Baggesen 1812 in seine Heimat gesandte Brief deshalb entsprechende Gültigkeit für die Gegenwart beanspruchen: ». . . Von der Stadt Kiel an und vor sich selbst, ihren Gebäuden, Gärten, Schlosse und so weiter, muß ich bloß anmerken, daß alles eine sehr artige Physiognomie hat, die sich recht gut zur Lage schickt . . .«